국어도 풀고, **사회**도 풀고, **과학**도 풀고

생각의 뿌리가 달라야 합니다!

뿌리 깊은 나무는 바람이 아니 뮐세

곶됴코 여름 하나니

새미 깊은 물은 가마래 아니 그칠세

내히 이러 바라래 가나니

— 《용비어천가》 제2장

뿌리가 깊이 박힌 나무는 북풍한설 찬바람에도 잘 버틸 수 있습니다. 거추장스러운 이파리도 어줍잖게 풋 익은 열매도 다 버리고 뿌리로만 견딥니다. 얕은 뿌리로는 견딜 수 없습니다.

교육도 마찬가지입니다. 스스로 생각할 수 있는 튼튼한 뿌리를 만들어 주어야 묻고 반응하고 비판하는 능력도 커지고 문제 해결 능력도 커지는 것입니다. 《바깔로레아 교과 논술》은 아이들이 생각의 뿌리를 내릴 수 있는 알맞은 토양을 만들어 주기 위해 노력하고 있습니다. 생각의 뿌리가 튼실하게 내리지 못한 채 책을 읽고, 글을 쓰는 것은 모래 위에 집을 짓는 것과 같습니다.

《바깔로레아 교과 논술》은 스스로 자기 생각의 크기를 키워 나가는 아이, 막힐수록 더욱 성취동기가 불타올라 꼭 알아내야만 직성이 풀리는 아이, 선생님이 불러 주는 대로 받아쓰기만 하는 아이가 아니라 선생님 이야기에서 생각의 실마리를 얻어 끊임없이 질문하고 생각하는 아이가 될 수 있도록 아이들의 뿌리를 생각하겠습니다. 그리고 열매는 아이들과 학부모님의 몫으로 온전히 돌려 드리겠습니다.

지은이 **서울대 국어교육학 박사 박학천**

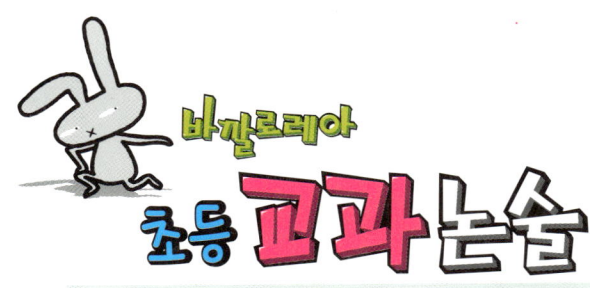

- 국어 · 사회 · 과학 + 독서 · 논술 · 토론 통합프로그램입니다.
- 쉽고 부담 없는 자료를 편하게 따라만 가면 저절로 사고력, 독해력, 이해력이 자라는 검증된 프로그램입니다.

단원별 학습 목표 및 구성

week 01
발상사고혁명

실질적인 〈발상 · 사고〉 훈련
- 고정 관념을 깨고, 개성적인 사고를 기릅니다.
- 스스로 질문하고 비판하는 시각과 자세를 기릅니다.

week 02
교과서 논술 01

〈국어 능력〉 심화 학습
- 국어 교과서 선행 학습으로 단원의 핵심을 이해합니다.
- 수행평가, 서술형 · 논술형 문항으로 국어과 학습 능력을 키웁니다.

※ 교과서 활용 : 『듣기 · 말하기』 / 『읽기』

week 03
독서 클리닉

실질적인 〈읽기 능력〉 향상 훈련
- 억지로 읽기보다는 읽는 맛과 재미를 알려 줍니다.
- 비판적 읽기, 개성적 읽기로 글을 보는 안목을 키웁니다.

week 04
교과서 논술 02

〈국어 능력〉 심화 학습
- 국어 교과서 선행 학습으로 단원의 핵심을 이해합니다.
- 수행평가, 서술형 · 논술형 문항으로 국어과 학습 능력을 키웁니다.

※ 교과서 활용 : 『듣기 · 말하기』 / 『읽기』

· · · · · · · · · · · · · · · 거북이 정도는 문제 없어!

week 05
영재 클리닉 01

〈사회 교과서〉를 활용한 영재 심화 학습
- 통합 교과 시대를 대비, 사회과 학습 테마를 논술로 연결시켜 쉽고 재미있게 초중고 학습 과정의 주요 주제와 쟁점을 알려 줍니다.

  ※ 교과서 활용 : 『사회』

week 06
교과서 논술 03

〈국어 능력〉 심화 학습
- 국어 교과서 선행 학습으로 단원의 핵심을 이해합니다.
- 수행평가, 서술형·논술형 문항으로 국어과 학습 능력을 키웁니다.

  ※ 교과서 활용 : 『듣기·말하기』 / 『읽기』

week 07
영재 클리닉 02

〈과학 교과서〉를 활용한 영재 심화 학습
- 통합 교과 시대를 대비, 과학과 학습 테마를 논술로 연결시켜 쉽고 재미있게 초중고 학습 과정의 주요 주제와 쟁점을 알려 줍니다.

  ※ 교과서 활용 : 『과학』

week 08
논술 클리닉

〈쓰기 교과서〉를 활용한 논술 훈련!
- 쓰기 교과서로 쓰기 학습 능력을 키운 후, 생활문에서 본격 논술까지 자신 있게 자신의 견해를 글로 표현하도록 유도합니다.

  ※ 교과서 활용 : 『쓰기』

차례

발상사고혁명	다른 문화를 인정하라	**05**
교과서 논술 O1	사실 안에서 발견하기	**13**
독서 클리닉	청아, 네가 정말 효녀니	**23**
교과서 논술 O2	생각에 깊이를 더하라	**33**
영재 클리닉 O1	조선 시대 왕은 어떻게 살았을까	**43**
교과서 논술 O3	이야기 꾸며 쓰기	**53**
영재 클리닉 O2	신기한 식물	**63**
논술 클리닉	어린이의 행복할 권리	**71**
신통방통 서술형 논술형	국어 술술 사회 술술 과학 술술	**81**

책 속의 책 | **GUIDE & 가능한 답변들**

다른 문화를 인정하라

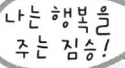

까마귀는 우리나라에서 불길한 징조의 새로 알려져 있습니다. 그럼 다른 나라에서도 그럴까요?

01 생선회를 먹으면 야만인?

* 다음 글을 읽고, 물음에 답하시오.

1968년 일본의 도쿄 올림픽 때 생선회 논쟁이 벌어졌습니다. 당시 미국의 '타임' 지는 팔딱거리는 생선을 즉석에서 회로 먹는 일본인의 식습관에 대해 ㉠'야만스럽다'라는 기사를 대대적으로 실은 적이 있습니다. 그러나 30여 년이 지난 오늘날, 미국에서는 '생선회를 먹어 보지 못한 사람은 상류층에 속하지 않는다.'는 얘기가 나돌 정도로 생선회는 고급 음식이 되어 있습니다.

1 ㉠의 '야만스럽다'라는 말의 뜻을 쓰시오.

2 '생선회'에 대한 미국인의 인식이 어떻게 바뀌었는지 쓰시오.

3 다른 나라 사람들이 먹는 음식들 중에 '야만스럽다'고 느껴지는 것이 있다면 한 가지만 말하시오.

02 차도르 착용, 억압일까 문화일까?

* 다음 글을 읽고, 물음에 답하시오.

아랍은 매우 건조하고 더운 기후권이다. 따라서 그들의 복식은 예로부터 덥고 건조한 공기와 뜨거운 햇볕을 차단하여 체온을 보존하는 기능적 특성을 갖게 되었다. 긴팔과 발을 덮는 옷과 머리를 가리는 천으로 된 터번이 전통 복식이 된 이유이기도 하다.

아주 무덥고 햇볕이 따가운 한여름에 머리에 수건을 한 장 덮어 보면 시원한 것을 느낄 수 있는데, 이는 머리에 천을 두름으로써 외부의 열을 차단하는 효과를 내는 것이다.

아랍의 여자들이 차도르를 쓰는 것도 코란에 "그대 아내와 딸들의 몸을 외투로 감추라."는 교리에 따르려는 것이기도 하지만, 사막의 뜨거운 모래 바람과 열기를 막는 기능이 있기 때문이기도 하다.

1 아랍의 기후는 어떠합니까?

_____

2 아랍의 여인들이 차도르를 쓰는 이유 두 가지를 쓰시오.

- _____

- _____

03 똑같은 돼지인데

* 다음 글을 읽고, 물음에 답하시오.

(가) 고대 히브리어의 신은 "돼지는 불결한 동물이기 때문에 이를 먹거나 손을 대면 부정하게 된다"고 선포했다. 그로부터 1,500년 후, 알라신은 그의 예언자 마호메트를 통하여 돼지는 이슬람교도에게도 역시 불결하고 부정한 동물이라고 선언했다. 돼지는 다른 동물보다 효과적으로 알곡이나 쭉정이들을 고농도 지방과 단백질로 바꾸는 동물이지만, 수백만의 유대인들과 수억의 회교도들은 아직도 돼지를 불결한 동물로 여긴다.

그렇다면 왜 돼지를 불결한 동물로 규정했을까? 중동은 돼지 사육에 적합한 지역이 아니다. 그러나 돼지고기는 아주 맛이 있는 고기로 귀하게 여겨지고 있다. 사람들은 돼지고기를 먹고 싶은 유혹에 시달린다. 따라서 야훼는 돼지가 불결하니 먹지도 만지지도 말라고 명령했다. 알라신도 똑같은 이유에서 똑같은 명령을 내렸다. 중동지방은 식용에 충족될 만큼의 돼지를 사육하기에는 생태학적으로 적절하지 못한 지역이었다. 소규모의 사육은 유혹만 크게 할 뿐이었다. 그러므로 차라리 돼지고기의 식용을 전면으로 금지하고 양, 염소, 소 등을 치는 데 정성을 바치는 것이 더 나았다.

(가) 뉴기니의 마링족은 사육하는 돼지의 수가 곧 자신의 사회적 지위와 정치적 권위를 나타내는 것으로 생각한다. 그래서 평소에는 정성껏 돼지를 돌보고 돼지고기는 절대로 식탁에 올리지 않는다. 이러한 금기가 깨어지는 것이 '카이코(kaiko)'라고 하는 축제 기간이다. 이 축제는 돼지의 수가 계속 늘어나 먹을 것이 부족해지고 노동력이 부족하여 더 이상 돼지를 돌보기 어려워지는 시기에 열린다. 축제가 열리면 마링족 사람들은 평소에는 먹기 어려운 돼지고기를 실컷 먹고, 동맹 부족의 사람들을 불러 돼지를 선물한다. 이를 통해 전쟁에서의 동맹 세력을 확보하고, 생태계의 균형을 회복함은 물론, 사회·정치적 위신과 권위를 획득하게 되는 것이다. 이처럼 마링족이 돼지를 중시하는 문화를 단순히 부의 축적이라는 경제적인 관점에서만 바라보고, 사회·정치적 관점을 소홀히 한다면 마링족의 문화를 제대로 이해했다고 볼 수 없다.

-「사회문화」, 대한 교과서

1 이슬람교도가 돼지고기를 먹지 않게 된 까닭은 무엇입니까?

2 마링족은 평소에 돼지를 어떻게 생각합니까?

3 '카이코'라는 축제 기간 동안에 돼지를 신성시하는 금기가 깨지는 까닭을 쓰시오.

04 서로를 인정하기

* 다음 공익 광고를 보고, 물음에 답하시오.

> 우리 사회는 어린이, 노인, 장애인에서부터 우리와 얼굴색이 다른 외국인에 이르기까지 많은 사람들이 함께 살아가고 있습니다. 그 사람들은 각각 다른 일을 하고 다른 지역에서 살고 살아가는 모습도 다릅니다. 모습은 다르지만 한 사람 한 사람이 자신의 역할을 다하고 서로 돕기 때문에 우리는 행복하게 살아갑니다. 타인을 이해하고 도우면서 살아가는 것은 우리 사회를 더욱 살기 좋게 만듭니다.

1 문화 상대주의는 문화의 다양성과 상대성을 인정하는 태도입니다. 이러한 문화 상대주의가 필요한 까닭은 무엇인지 공익 광고의 내용을 바탕으로 쓰시오.

_____

_____

05 다양성이 필요한 까닭

* 다음 글을 읽고, 물음에 답하시오.

19세기 중반 아일랜드에서는 감자 기근이 일어나 백만 명 가량이 굶주려 죽었고 생존자들의 대부분은 굶주림을 피해 북아메리카로 이주할 수밖에 없었다. 어떻게 이런 일이 생겼는가? 전문가들은 몇 가지 요인들을 제시했지만 가장 큰 요인은 단일종 경작에 의한 것이었다는 점에 대부분 의견을 같이 한다. 한 종류의 감자를 경작하는 것은 큰 이익이 되는 반면 전체 경작을 오롯이 망쳐버릴 수 있는 위험이 있다. 그런데 그 일이 일어난 것이다. 식물 질병을 일으키는 곰팡이가 감자 농사를 망쳐 버렸고 아일랜드 농부들은 그것을 막아낼 재간이 없었다. 병이 퍼지면서 밭에 있는 감자뿐 아니라 저장고에 있던 감자들까지 모두 썩고 말았다. 감자 외에는 별다른 주식이 없었던 터라 사람들은 굶어 죽었다. ㉠<u>한 바구니에 모든 계란을 담는 것이 위험하듯</u> 단일 경작은 모든 것을 앗아가 버렸다.

1 19세기 중반 아일랜드에 감자 기근이 일어난 까닭은 무엇입니까?

2 ㉠의 뜻이 무엇인지 쓰시오.

3 이 글을 바탕으로 '다양성'이 필요한 까닭을 쓰시오.

06 문화 상대주의적 태도의 필요성

* 다음 글을 읽고, 물음에 답하시오.

　서로 다른 지구촌 사람들이 평화롭게 공존하기 위해서는 다른 사회의 문화를 그대로 이해하고 존중하는 문화 상대주의적 태도가 필요하다. 그러나 문화 상대주의적인 태도를 갖는 것은 쉽지 않다. 사람들은 자기가 중요하게 생각하는 신념이나 가치체계와 다른 견해를 가진 사람을 만나면 그를 경계하게 되며, 자신의 기준에 비추어 그를 판단하려고 한다. 그러므로 다른 문화를 가진 사람들을 존중하기 위해서는 몇 가지 태도의 훈련이 필요하다.

　우선, 낯선 문화를 접하게 되었을 때 열린 마음을 가지고 대해야 한다. 둘째, 상대방의 관점에서 문제를 본다. 현상을 보는 다양한 관점이 존재할 수 있다는 것을 아는 것이 중요하다. 셋째, 우리의 생활 방식이 다른 사람들의 눈에는 어떻게 비칠지 생각해 본다. 다른 사람에 대한 이해로부터 궁극적으로 얻는 것은 바로 우리 자신의 이해이다. 이러한 과정을 통해 나 자신의 편견을 발견하고 다른 문화에 대해 보다 관용적일 수 있게 된다. 문화 상대주의는 지구촌 사회를 살아가는 오늘날 매우 필요한 태도이기는 하나, 그것을 지나치게 주장하는 것은 문제가 될 수도 있다. 왜냐하면, 모든 관습에 대해 옳고 그름의 판단을 할 수 없이 똑같이 다루어야 하기 때문이다.

1 서로 다른 지구촌 사람들이 평화롭게 공존하기 위해서 필요한 태도는 무엇인지 쓰시오.

2 문화 상대주의를 지나치게 주장했을 때 생길 수 있는 문제점 한 가지를 쓰시오.

사실 안에서 발견하기

『말하기·듣기』·『읽기』 _ 5. 사실과 발견

교과서 논술이

상황에 맞게 룰루랄라~

01 대상의 특성 살려 설명하기

듣기 ● 말하기 ● 쓰기 📖 교과서 90쪽 | 학습 목표 : 대상의 특성을 고려하여 설명할 수 있다.

자연을 닮은 옷, 한복

우리 모둠은 우리나라 전통 의상인 한복에 대하여 발표하려고 합니다.

한복은 쭉 뻗은 직선과 부드러운 곡선이 조화를 이룬 우리나라의 전통 옷입니다. 여자는 짧은 저고리와 넉넉한 치마로 우아한 멋을 풍겼으며, 남자는 바지저고리를 기본으로 조끼와 마고자로 멋을 냈습니다. 백의민족답게 기본색은 흰색이었으며, 계절에 따라 신분에 따라 입는 예법이나 소재, 색상이 모두 달랐습니다.

㉠한복은 농사를 짓게 되면서부터 생겨났습니다. 그 전에는 풀이나 나무껍질, 동물의 가죽이나 털로 옷을 해 입었습니다. 그러다가 약 2300년 전에 저고리, 바지, 치마 등이 나타났습니다. 우리 민족은 활동적이고 진취적이라 옷 역시 활동하기에 편해야 하였습니다. 고구려의 고분 벽화인 무용총의 '수렵도'를 보더라도 한복의 특징이 잘 나타나 있습니다.

요즈음에는 나이에 상관없이 자신이 좋아하는 색으로 입을 수 있지만 예전에는 그렇지 않았습니다. 여자들은 노란색이나 연두색의 저고리에 분홍색이나 다홍색 또는 남색 계통의 치마를 입는 경우가 많았습니다. 보통 초록색 저고리와 빨간색 치마는 새색시들이 입고, 노란색 저고리와 빨간색 치마는 처녀들이 입었습니다. 남자는 옥색, 분홍색, 보라색 등의 엷은 색의 바지와 저고리를 입었습니다. 외출할 때에는 두루마기를 입었는데, 여름에는 시원해 보이도록 흰색, 옥색 등의 엷은 색의 천으로 만들어 입었고, 겨울에는 회색이나 밤색 등을 주로 입었다고 합니다.

1 '한복'이란 무엇인지 이 글에서 찾아 쓰시오.

2 '한복'에 대한 설명으로 바르지 <u>않은</u> 것은 어느 것입니까? (   )

① 기본색은 흰색이었다.
② 계절에 따라 소재가 달랐다.
③ 계절에 따라 색상이 달랐다.
④ 신분에 따라 입는 예법이 달랐다.
⑤ 한복은 부드러운 곡선으로만 이루어져 있다.

3 ㉠에서 설명하는 내용은 무엇입니까? (   )

① 한복의 정의 ② 한복의 종류
③ 한복의 색깔 ④ 한복의 유래
⑤ 한복의 예법

4 다음 '수렵도'에 나타난 한복의 특징은 무엇인지 쓰시오.

_____

5 다음 중 사물을 설명하는 방법이 <u>아닌</u> 것은 어느 것입니까? (   )

① 대상의 특성을 설명한다.
② 모양이나 쓰임새를 설명한다.
③ 대상을 이해할 수 있는 내용을 설명한다.
④ 특징적인 모습이나 일화, 업적을 설명한다.
⑤ 상대방이 관심을 가질 만한 것을 설명한다.

* 다음 글을 읽고, 물음에 답하시오.

우리나라는 음력 1월 15일, 정월 대보름에 오곡밥을 지어 이웃 사람들과 함께 나눠 먹는 풍습이 있습니다.

오곡밥은 음력 정월 대보름날의 전통적인 절기 음식입니다. 일반적으로 찹쌀, 차조, 붉은팥, 찰수수, 검은콩 등 5가지의 곡식으로 지은 밥을 말하는데, 올 한 해도 모든 곡식이 잘되기를 바란다는 뜻이 들어 있습니다.

정월 대보름에 오곡밥을 먹게 된 유래는 〈삼국유사〉에 전해집니다. ㉠〈삼국유사〉에 따르면 신라의 소지왕이 자신의 목숨을 구해 준 까마귀에게 보답을 하기 위해 정월 보름마다 갖가지 음식을 담 위에 올려놓은 데서 비롯되었다고 합니다.

정월 대보름에 오곡밥과 나물을 먹는 데는 우리 조상들의 지혜가 깃들어 있습니다. 오곡밥은 겨우내 부족하기 쉬운 비타민과 무기질 등을 보충하기 위한 것이고, 아홉 가지 나물은 겨울 동안 과일이나 채소를 넉넉히 먹을 수 없었던 시절 제철에 생산되는 채소들을 미리 말려 두었다가 정월 대보름에 먹음으로써 영양분을 보충했던 것입니다.

1 '오곡밥'에 담긴 뜻은 무엇입니까?

_____

2 ㉠에서 설명하는 내용은 무엇입니까?
① 오곡밥의 정의 ② 오곡밥의 종류
③ 오곡밥의 영양 ④ 오곡밥의 유래
⑤ 오곡밥 만드는 법

02 인과관계 알아보기

읽기 | 교과서 98~99쪽 | 학습 목표 : **사건을 기록한 글에서 인과관계를 알아볼 수 있다.**

미국에 세워진 한국인 이름의 중학교

- 글의 종류 사건을 기록하는 글
- 글의 특징 미국에 김영옥 대령의 이름을 딴 중학교가 생긴 원인과 결과가 잘 나타난 글이다.

　김영옥 대령은 한국인 2세로 제2차 세계 대전과 6·25 전쟁에서 큰 공을 세운 영웅이자 위대한 인도주의자이었다. 김영옥 대령이 여러 나라 사람으로부터 존경받는 것은 전쟁에 대한 공로 때문만은 아니었다. 전쟁은 언제나 많은 사람을 죽게 하고 고통스럽게 한다. 전쟁의 비참하고 끔찍한 모습을 잘 아는 그는 6·25 전쟁으로 부모를 잃고 힘들게 살아가는 고아들을 돌보았다. 그가 정성껏 돌보았던 전쟁고아 약 500명은 뒷날 학자, 교육자, 과학자, 예술가, 사업가 등으로 자라났다.

　김영옥 대령은 군을 떠난 다음에는 미국에서 입양아, 빈민, 청소년, 노인, 장애인과 가정 폭력을 당한 여성들을 도왔다. 그의 봉사 활동은 우리나라 사람들뿐만 아니라 다른 나라 사람들을 대상으로 폭넓게 이루어졌다. 이같이 다양한 봉사 활동을 해 왔지만, 그는 자신의 이름을 한 번도 내세우지 않았다. 그저 조용히 자신이 할 일을 묵묵히 할 뿐이었다. 그 때문에 그의 아름다운 공적은 잘 알려지지 않았었다.

　그러나 그의 봉사 활동이 계속되면서 항상 자신보다 다른 사람들을 먼저 생각하는 김영옥 대령에 대하여 사람들이 알게 되었고, 미국에 사는 한국인들은 물론 일본을 비롯한 많은 다른 나라 출신 미국인들도 그의 삶에 감동을 느꼈다. 그래서 이들은 김영옥 대령의 정신이 영원히 이어질 수 있는 방법을 찾기 시작하였다. 그 결과, 그의 이름을 붙여 학교 이름을 짓기로 하고, 그 학교로는 '센트럴 로스앤젤레스 중학교 3번'이 좋겠다고 의견을 모았다. 이들이 주민 회의에서 그러한 생각을 밝히자 주민들도 대대적으로 환영하였다.

　이들은 그동안 김영옥 대령을 소개한 책과 자료, 그리고 영상물을 모았으며, 많은 사람에게 지지 서명을 받았다. 로스앤젤레스 교육위원회가 열렸을 때, 센트럴 로스앤젤레스 중학교 3번의 교장 선생님과 많은 사람이 그동안 모은 자료와 서명도 같이 보여 주면서 학교 이름을 '김영옥중학교'로 하자고 요청하였다. 그러자 교육위원회도 학교 이름을 '김영옥중학교'로 정하는 것을 만장일치로 의결하였다. 김영옥 대령의 정신이 이어질 수 있도록 그의 이름을 붙여 학교 이름을 지으면 학생들도 그처럼 훌륭한 사람으로 자라날 것이라고 믿었기 때문이었다.

1 '김영옥 대령'에 대한 설명으로 바르지 <u>않은</u> 것은 어느 것입니까? ( )

① 위대한 인도주의자였다.
② 여러 사람으로부터 존경을 받았다.
③ 교육자, 과학자, 예술가이자 사업가이다.
④ 우리나라 사람들뿐만 아니라 다른 나라 사람들도 도왔다.
⑤ 미국에서 입양아, 빈민, 청소년, 노인, 장애인들을 돌봤다.

2 그의 아름다운 공적이 잘 알려지지 않은 까닭은 무엇입니까?

_____

_____

3 다음과 같은 일이 원인이 되어 일어난 결과는 무엇인지 쓰시오.

> 김영옥 대령의 삶에 감동을 받은 이들이 학교 이름을 그의 이름을 붙여 짓기 위하여 노력하였다.

_____

_____

03 인물의 성격과 사건 전개의 관계

읽기 | 교과서 114~115쪽 | 학습 목표 : 인물의 성격이 사건 전개와 어떤 관계가 있는지 알 수 있다.

별주부전

🟢 **글의 종류** 희곡
🟢 **중심 특징** 등장인물의 성격이 사건에 미치는 영향이 잘 드러나 있는 글이다.

- 때 : 옛날
- 곳 : 바닷속 용궁과 숲 속
- 나오는 인물 : 토끼, 자라, 용왕, 문어 장군, 상어 대신, 갈치 대신, 꽃게 대신, 복어 대신, 도미 의원

[제 1장]

용왕이 누워 있고, 신하들이 걱정스러운 표정으로 이야기를 주고받고 있다.

상어 대신 : (수염을 쓰다듬으며) 어허, 이거 큰일이오. 용왕님 병환이 나아지지 않으니 이러다가는 정말 큰일 치르겠구려.

꽃게 대신 : (왔다 갔다 하는 문어 장군을 못마땅하다는 듯이 흘겨보며) 이봐요, 문어 장군, 가만히 좀 계시오. 정신 사납소.

문어 장군 : 아, 누구는 이러고 싶어서 이러는 줄 아시오? 나도 속이 타서 그런데 나더러 어쩌란 말이오? 꽃게 대신은 쓸데없이 참견 말고 용왕님 병환 고칠 방법이나 생각하시구려.

꽃게 대신 : 뭐요? 그럼 내가 놀고만 있단 말이오?

(문어 장군과 꽃게 대신이 옥신각신 말다툼을 하자 주위가 시끄러워진다. 이때, 상어 대신이 크게 소리를 지르며 앞으로 나선다.)

상어 대신 : 아니, 이거 보시오. 여기가 어디라고 이런 무례한 행동을 한단 말이오? 썩 물러나시오.

[제 2장]

도미 의원 : (안경을 추켜올리며) 마마, 너무 걱정하지 마시옵소서. 이 물속에는 없지만 육지에는 마마의 병환을 고칠 수 있는 약이 있사옵니다.

용왕 : (눈을 크게 뜨면서) 무엇이라고? 내 병을 고칠 수 있단 말이냐? 그래, 그 약이

도대체 무엇인고?

도미 의원 : 네, 육지에 사는 토끼라는 짐승의 간이옵니다.

용왕 : ㉠토끼의 간이라고? 그럼 어서 육지로 가서 토끼를 잡아 오너라.

도미 의원 : 하지만, 토끼는 워낙 재빠르고 꾀가 많아서 땅 위 사람들도 잡기 힘든 짐승입니다.

용왕 : (여러 신하를 둘러보면서) 누가 토끼를 잡아 오겠느냐?

1 인물의 성격은 무엇을 통해 알 수 있습니까? ( )

① 인물의 가족 ② 인물의 외모
③ 인물의 직업 ④ 인물의 행동
⑤ 인물의 신분

2 이 글에서 짐작할 수 있는 꽃게 대신의 성격은 어떠합니까? ( )

① 점잖다. ② 수줍음이 많다.
③ 걱정이 많다. ④ 배려심이 많다.
⑤ 말을 함부로 한다.

3 ㉠을 통해 알 수 있는 용왕의 성격은 어떠합니까?

[제 4장]

자라 : (소나무 밑에서 졸고 있는 토끼를 보고 기뻐하며) 옳지, 이 녀석이 바로 토끼로구나. (토끼를 흔들어 깨우며) 이봐요, 토 선생! 안녕하시오?

토끼 : (깜짝 놀라 귀를 쫑긋 세우며) 당신은 누구시오?

자라 : (정중하게 인사를 하며) 저는 바닷속 용궁에 살고 있는 별주부 자라입니다. 그토록 유명한 토 선생을 만나 뵙게 되어 얼마나 기쁜지 모르겠습니다.

토끼 : (한 발짝 다가서며) 아니, 바닷속 용궁에까지 내 이름이 알려졌단 말이오?

자라 : (기쁨을 감추며) ㉠<u>아무렴요. 영리하고 잘생긴 토 선생을 모두 보고 싶어 야단들이지요.</u>

토끼 : (어깨를 으쓱하며) ㉡<u>하기야 육지에서 나를 몰라보는 이가 없소이다마는,</u> 용궁에까지 소문이 났다 하니 조금은 놀랍소.

자라 : 토 선생, 이곳 재미는 어땠습니까?

토끼 : 비록 부귀영화를 누리고 있지는 않지만 아주 편한 생활을 하고 있다오. 봄에는 진달래, 개나리가 활짝 피어 벌과 나비가 춤을 추고, 여름에는 푸른 소나무 정자 밑에 매미 소리가 들리니, 여기보다 더 좋은 곳이 어디 있겠소?

자라 : (고개를 좌우로 흔들며 목소리를 높이면서) 어허, 토 선생! 당신은 거짓말을 참 잘하는구려. 생각해 보시오. 긴 겨울 동안 굴속에서 떨다가 봄소식을 얻어듣고 풀잎 먹고자 나오면 사나운 독수리가 쏜살같이 따라오니 데굴데굴 굴러서 어느 틈에 꽃구경할 것이며, 여름이면 마른 목을 축이려고 시냇가를 찾노라면 밭을 매던 농부들이 호미 들고 뒤쫓으니, 가슴이 벌렁벌렁, 달나나기 바쁘잖소? 그러니 어느 때나 마음 편할 날이 있겠소?

토끼 : (한참 동안 말이 없다가) 당신은 어찌 그리 내 생활을 잘 아시오? 정말이지, 나는 이 한 목숨 부지하느라고 잠시도 편할 날이 없소. 이 눈치 저 눈치 살피느라고 이제는 눈까지 다 빨개졌다오.

자라 : 산속 친구들에게 들으니 살아가기가 날로 험하여 모두 좋은 곳을 찾아 떠난다던데, 당신은 왜 떠나지 않으시오?

토끼 : (근심스러운 표정으로) 나는 본디 친구들을 널리 사귀지 못하는 데다가 어디

로 가야 할지도 잘 모르겠소.

자라 : (좋은 기회를 잡았다는 듯이) 아, 토 선생. 걱정 마시오. 나와 함께 우리 용궁으로 갑시다. 당신은 털이 백옥같이 흰 데다가 눈 또한 홍보석같이 잘생겼으니 용왕님께서 반갑게 맞아 주실 것이오.

4 자라가 ㉠과 같은 거짓말을 한 까닭은 무엇입니까?

_____

5 ㉡을 통해 알 수 있는 토끼의 성격은 어떠합니까?

_____

6 토끼의 눈이 빨개진 까닭은 무엇입니까?

_____

_____

청아, 네가 정말 효녀니

『심청전』 생각하며 읽기

인당수에 몸을 던질 때 심청은 어떤 생각을 했을까요?

청아, 네가 정말 효녀니

01 공양미 삼백 석이면 심 봉사 눈을 뜬다는데

* 다음 글을 읽고, 물음에 답하시오.

심청이 일어나 절하고 여쭈었다.
"미천한 저를 수양딸 삼아 주신다 하시니 황송하여 몸 둘 바를 모르겠습니다. 그러나 태어난 지 이레 만에 어머니 잃은 저를 젖동냥으로 키워 주신 앞 못 보는 아버지를 두고 제가 어찌 집을 나오겠습니까? 앞 못 보는 아버지 진지라도 차려 드리며 곁에 있고 싶은 저의 뜻을 헤아려 주시기를 바랍니다."
정승 부인이 심청의 볼을 어루만지며 안타까이 말한다.
"안다, 알아. 네 맘 다 안다. 네가 너무 어여뻐 내가 잠시 욕심을 냈구나. 내 전혀 섭섭하지 않으니 살다가 어려운 일 있거든 언제든 내게 와 말하거라."
심청은 정승 부인께 큰 절을 하고, 걸음을 재촉하여 집으로 향했다.
그때 심 봉사는 심청을 기다리다 지쳐 지팡이를 짚고 밖으로 나섰다. 한 걸음 떼고 휘청, 두 걸음 떼고 휘청 하며 길을 걷던 심 봉사는 강둑에서 지팡이를 헛디뎌 개천에 빠지고 말았다.

"아이고, 나 살려라. 앞 못 보는 심학규 물에 빠져 죽네."
심 봉사가 허우적거리고 있는데 마침 몽운사 화주승이 그곳을 지나다 보게 되었다. 화주승은 바랑만 던져두고 개천에 뛰어들어 심봉사를 구했다. 정신이 든 심 봉사는 고개를 연신 숙이며 인사를 했다.
"뉘신지 모르지만 고맙습니다. 정말 고맙습니다."
"저는 몽운사 화주승입니다. 보아 하니 앞을 못 보시는 것 같은데, 부처님께 공양미 삼백 석을 올리고 지성으로 불공을 드려 보시지요. 그러면 눈이 뜨여 세상을 볼 수 있으실 텐데요."
심 봉사는 눈이 뜨인다는 말에 귀가 솔깃하였다.
"아니, 그게 참말입니까? 정말 공양미 삼백 석이면 눈을 뜰 수 있습니까?"
"부처님 모시는 제가 어찌 거짓을 말하겠습니까?"
㉠"그러면 공양미 삼백 석을 부처님께 올리지요."

심 봉사는 화주승에게 철썩 같이 약속을 하고 집으로 돌아왔다. 집 문턱에 들어서서 생각하니 내일 아침이면 저녁거리 걱정해야 하는 처지에 쌀 삼백 석을 어디서 구하나 앞이 막막하였다. 한숨을 위로 쉬고 아래로 쉬고 하며 자책을 하고 있는데, 심청이 집으로 들어섰다.

"아버지, 옷이 왜 이리 젖으셨소? 들어가 계시오. 제가 진짓상 차려 들어갈 테니."

심청이 정승 댁에서 얻은 찬거리로 지지고 볶고 하여 한 상 가득 차려 왔으나 심 봉사는 한 술도 뜨지 못했다.

"아버지, 무슨 일이시오? 몸이 아파 그러시오? 맘이 아파 그러시오?"

심청이가 대답을 재촉하자 심 봉사 가슴에 얹힌 말을 꺼낸다.

"청아, 이 아비가 부처님께 못 지킬 약속을 하였구나. 공양미 삼백 석이면 눈을 뜬다는 말에 귀가 번쩍하여 그만 시주를 하겠다고 했지 뭐냐."

"아버지, 제가 어떻게든 쌀 삼백 석을 마련할 테니 걱정하지 마시고 진지나 잡수셔요."

말은 그렇게 하였으나 쌀 삼백 석을 구할 생각을 하니 앞이 깜깜해진 청은 물을 떠놓고 빌었다.

1 화주승은 심 봉사에게 어떻게 하면 눈을 뜰 수 있다고 말하였습니까?

2 돈도 없으면서 ㉠과 같이 말한 심 봉사에 대한 내 생각을 50자 내외로 쓰시오.

02 아버지 눈만 뜰 수 있다면

* 다음 글을 읽고, 물음에 답하시오.

물 떠 놓고 빌기를 계속하던 어느 날 골목에서 남자들 목소리가 들렸다.
"나이 열여섯에 꽃처럼 고운 처녀를 삽니다."
그 소리를 듣고 심청이 달려나와 묻는다.
"처녀를 산다는 말이 참말이오? 아버지 눈 뜨시는 데 공양미 삼백 석이 필요해 이 몸을 팔려 하니 사 주시겠소?"
"거 참 가련하고 어여쁜 처자로세. 우리가 공양미 삼백 석을 줄 터이니 걱정 마시오."
뱃사람들은 공양미 삼백 석을 몽은사로 보내 주고 심청에게 배 떠나는 날을 일러 주었다. 심청은 슬프기도 하고, 기쁘기도 한 마음으로 아버지께 달려가 말했다.
"아버지, 공양미 삼백 석을 시주하였으니 이제는 걱정하지 마시어요."
"아니, 청아. 네가 돈이 어디 있어서 공양미 삼백 석을 마련했단 말이냐?"
"정승댁 부인께 사정 얘기를 하였더니 쌀 삼백 석을 내어 주셨어요. 그리고 저는 그 댁 수양딸로 가게 되었습니다."
그 말을 들은 심 봉사는 웃지도 울지도 못할 어지러운 마음이었다. 심청은 심청대로 심 봉사는 심봉사대로 마음 어지러운 채 하루하루가 지나 배 떠나기 전 날이 되었다.
'아버지 버선이나 마지막으로 지으리라.'
바늘에 실을 꿰어 드니, 다시 가슴이 답답하고 정신이 아득하였다. 가슴 속에서 하염없는 울음이 솟아 올라왔다. 그러나 아버지가 깰까 하여 크게 울지도 못하고 입을 앙다물고 흐느꼈다.
"우리 아버지 내가 죽으면 누굴 믿고 사실까? 내일 아침 돋는 해를 뜨지 못하게 매어 두면 가련하신 우리 아버지 좀더 모시련만, 지는 달 뜨는 해를 뉘라서 막을쏘냐."
이윽고 닭이 울었다. 심청은 다시 하염없이 눈물을 흘렸다.
"닭아 닭아, 울지 마라. 네가 울면 날이 새고, 날이 새면 나 죽는다. 나 죽기는 서럽지 않으나, 의지할 데 없는 우리 아버지 홀로 두고 어찌 간단 말이냐?"
날이 차차 밝아와 심청이 아버지께 마지막 진지를 지어 드리려고 문을 열고 나섰더니 뱃사람들이 사립문 밖에 와서 서성거리고 있었다.
"오늘이 배 떠나는 날이오."
"㉠오늘이 떠나는 날인 줄 나도 알고 있소. 그러나 내가 팔린 것을 우리 아버지는 아직 모르시니 마지막 진지나 지어 드리고, 말씀 여쭙고 떠나지요."
"그렇게 합시다."
뱃사람들이 선선히 대답하였다.

1 ㉠을 보니 심 봉사는 심청이 아버지의 눈을 뜨게 하기 위해 자신의 몸을 팔았다는 사실을 모르고 있습니다. 나중에 이 사실을 안 심 봉사의 심정으로 볼 수 없는 것은 무엇입니까? ( )

① 자식 키운 보람을 느꼈을 것이다.
② 혼자 남게 된 것이 괴로웠을 것이다.
③ 자신 때문에 딸이 죽었다는 것을 알고 절망했을 것이다.
④ 자신에게 일어난 일을 믿을 수가 없어 괴로웠을 것이다.
⑤ 심청이가 보고 싶고 그리워서 하루도 편하게 보내지 못했을 것이다.

2 만약 여러분이 심청처럼 효도를 하기 위해 어딘가로 팔려 간다면 부모님이 뭐라고 하실지 상상해서 쓰시오.

_____

_____

3 다음 글을 읽고, 옛날 사람들이 머리를 자르려고 하지 않았던 이유는 무엇인지 쓰시오.

> 조선 시대 말기, 고종 황제는 새로운 문물을 받아들인다는 취지로 전국에 머리를 짧게 자르라는 단발령을 내렸습니다. 선비들은 이에 대해 '내 목은 자를지언정, 내 머리카락은 자를 수 없다.'며 산으로 숨어 버리거나 자살을 하기도 했습니다.
> 『효경』에는 '신체발부(身體髮膚) 수지부모(受之父母)'라는 말이, 『명심보감』에는 '보신 효도(保身孝道)'라는 말이 있습니다. 내 몸이 부모에게서 받은 것이니 몸을 상하지 않도록 하는 것이 효의 시작이라는 뜻입니다.

_____

4 '신체발부(身體髮膚) 수지부모(受之父母)'라는 말과, '보신 효도(保身孝道)'라는 말을 생각할 때 눈 먼 아버지를 위해 목숨을 바친 심청의 행동은 효도라고 할 수 있는지 쓰시오.

_____

03 딸 잃고 눈을 뜨면 누굴 본단 말인가

* 다음 글을 읽고, 물음에 답하시오.

"심 낭자! 어서 배 타러 떠납시다."
뱃사람 재촉하는 소리에 심 봉사 깜짝 놀라며 말했다.
"청아, 이게 무슨 소리냐?"
"㉠아이고, 아버지! 이 못난 자식을 용서하시오. 쌀 삼백 석 구할 방도 없어 이 몸을 제물로 팔아 오늘 이 죽으러 가는 날입니다."
"참말이냐, 참말이야? 애고 애고, 이게 웬말이냐? 못 간다. 못 가. 네가 나에게 묻지도 않고 네 마음대로 한단 말이냐? 안 된다. 안 돼. 아내 죽고 자식 잃고 내가 살아서 뭐하겠느냐? 너랑 나랑 함께 죽자. 너 잃고 눈을 뜨면 무슨 소용이 있겠느냐? 돈도 싫고 쌀도 싫다. 네 이놈들아, 내 딸은 절대 못 데려간다."
심 봉사는 심청이를 막으려고 기를 쓰다 기절하였고, 뱃사람들은 심청이를 데리고 바다로 나아갔다. 그리고 물살이 춤을 추듯 출렁이는 바다를 바라보며 심청이 뱃머리에 섰다.
"아이고, 아버지! 나는 죽소. 부디 몸 건강하시오."
심청은 치마를 뒤집어쓰고 바다 속에 몸을 던졌다.

1 심청이 ㉠과 같이 말했을 때, 심 봉사의 심정이 어떠했을지 상상해서 쓰시오.

_____

_____

2 내가 만약 심청이라면 이렇게 울며 안타까워하는 아버지께 어떤 말씀을 드릴지 쓰시오.

_____

_____

04 연꽃에서 다시 나온 심청

* 다음 글을 읽고, 물음에 답하시오.

뱃사람들이 바다를 앞에 두고 고사를 지내는데 저 멀리 꽃 한 송이가 너른 바다 가운데 두둥실 떠 있으니 뱃사람들이 기이하게 여겨 저희들끼리 의논하였다.

"아마도 심 낭자의 영혼이 꽃이 되어 떴나 보오."

뱃사람 중 한 사람이 그 꽃을 조심해서 배에 싣고 돌아와 뒤뜰에 심었더니 온 집안에 향기가 가득하고 주위에 무지개가 둘러 있었다. 뱃사람은 그 꽃이 세상에 없는 이상하고 기이한 꽃이라 생각하여 황제께 바쳤다. 황제께서 기뻐하며 연꽃을 받아 화단에 심었다. 하루는 황제께서 화단 주변을 거니시는데 꽃송이가 벌어진 것이 보였다. 다가가 꽃송이를 열어 보니 그 안에 세 여인이 있었다.

"너희가 귀신이냐, 사람이냐?"

"소녀는 남해 용궁 시녀이온데 심 낭자를 모시고 세상으로 나왔나이다."

"그래? 용왕님께서 좋은 인연을 보내신 것이로구나. 용왕님께서 보내신 배필이니 심 낭자를 황후로 맞이하리라."

1 뱃사람들은 바다에 떠 있는 꽃을 보고 어떤 생각을 하였습니까?

2 황제는 왜 심 낭자를 황후로 맞이하려고 하였습니까?

05 심청과 심 봉사의 재회

* 다음 글을 읽고, 물음에 답하시오.

심청은 궁궐에서 좋은 옷을 입고, 좋은 것을 먹어도 얼굴에 수심이 가득하였다. 그런 심청을 안타깝게 여기신 황제께서 심청에게 물으셨다.

"황후, 대체 무슨 걱정이 그리 많아 날마다 낯빛이 잿빛입니까?"

"제가 사실은 용궁 사람이 아니오라 황주 도화동에 사는 맹인 심학규의 딸로서, 아비의 눈뜨기를 위하여 뱃사람에게 팔려 인당수 물에 제물로 빠졌었습니다. 그런데 눈 먼 아버지께서 눈은 뜨셨는지, 저 없이 홀로 어찌 지내시는지 걱정이 되어 하루가 백날 같습니다."

하고 그동안 있었던 일을 자세히 여쭈니 황제께서 들으시고,

"그러하시면 어찌 진작에 말씀을 못하시었소? 어렵지 않은 일이니 너무 근심치 마시오."

하시고 그 다음날 조회를 마친 뒤에 온 조정 신하들과 의논하시어 맹인들을 초대하는 잔치를 열었다.

심청은 여러 날 동안 맹인 잔치를 하면서 맹인 명부를 아무리 들여다 보아도 심 씨 맹인이 없어 탄식하였다.

'내가 인당수에 죽은 줄로만 아시고 애통하여 돌아가셨는가, 아니면 그동안에 눈을 떠서 천지만물을 보시어 맹인 축에서 빠지셨는가, 잔치가 오늘 마지막이니 내가 몸소 나가 보리라.'

심청이 길을 나서는데 바로 앞에 한 맹인이 있었다. 황후가 3년 동안을 용궁에서 지내다 보니 아버지의 얼굴이 가물가물하여 물어보았다.

"처자는 있으신가요?"

㉠"아내는 일찍 죽고 딸 자식이 하나 있었는데, 이 못난 아비 눈 뜨게 해 준다고 인당수에 제물로 빠졌습니다."

심 봉사의 말이 끝나자 황후께서 버선발로 뛰어 내려와서 아버지를 안고, 울며 말했다.

"아버지, 제가 인당수에 빠져 죽었던 심청이어요."

"이게 웬말이냐?"

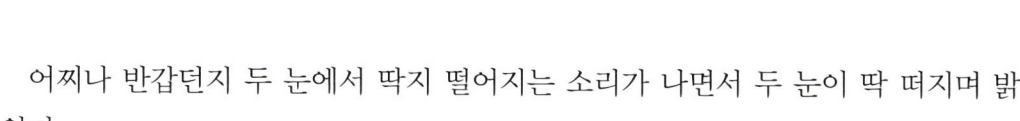
어찌나 반갑던지 두 눈에서 딱지 떨어지는 소리가 나면서 두 눈이 딱 떠지며 밝았다.

1 심청의 얼굴에 근심이 가득한 까닭은 무엇입니까?

2 황제는 심청을 위하여 무엇을 해 주었습니까?

3 ㉠과 같은 말을 들었을 때 심청의 마음이 어땠을지 쓰시오.

4 심 봉사가 눈을 떴을 때의 느낌이 어땠을지 쓰시오.

심청아, 네 힘으로 살아 보렴!

1 다음 세 사람의 공통점은 무엇입니까?

◈ 신데렐라　　　◈ 백설공주　　　◈ 심청

2 심청은 아버지의 눈을 뜨게 하기 위해 목숨을 바쳤습니다. 그러나 중국의 소녀 뮬란은 아버지 대신 남장을 하고 전쟁터에 나가 승리를 거두었습니다. 스스로의 힘으로 승리한 뮬란이 심청이를 만난다면 뭐라고 말할지 말풍선에 쓰시오.

생각에 깊이를 더하라

『말하기·듣기·쓰기』·『읽기』 _ 6. 깊이 있는 생각

01 내 입장 정하기

  교과서 110~111쪽 | 학습 목표 : 어떤 문제에 대한 내 입장을 정할 수 있다.

초·중·고등학생 휴대 전화, 휴대 못 할 수 있다

앞으로 ○○ 시내 초·중·고등학생이 휴대 전화를 가지고 등교하거나 학교에서 사용하지 못할 수 있다.

지난 9일, ○○시의회 교육문화위원회는 초·중·고등학생들의 휴대 전화 학교 내 사용을 제한하는 조례안 제정을 추진하기로 하였다.

이 조례안에는 초등학생이 휴대 전화를 가지고 등교하는 것을 금지하는 내용이 담길 것으로 보인다.

○○시의회는 휴대 전화를 대신하여 어린이 범죄 예방 장치 역할을 할 수 있도록 학교 주변 및 어린이들이 자주 가는 지점에 안전 카메라 설치 등 안전 장치를 대폭 늘려 나가기로 하였다.

또, ○○시의회는 중·고등학생의 경우 방과 후 학원에 다니는 학생이 많고 부모님과 연락이 필요한 만큼 등교할 때 휴대 전화를 가지고 와 선생님께 맡겼다가 하교할 때 찾아가게 하는 방안을 검토 중이다.

○○시의회 교육문화위원장은 "학생들이 교내에서 휴대 전화를 사용하는 것은 수업 분위기를 해칠 뿐만 아니라 건강에도 좋지 않다."라며, "교내에서는 엄격하게 사용을 규제하는 내용의 조례안을 제정하도록 하겠다."라고 밝혔다.

○○시의회는 이에 따라 ○○시교육청과 함께 곧 공청회를 열어 학부모 단체와 시민의 의견을 모을 계획이다.

1 이 글의 쟁점은 무엇입니까? ( )

① 휴대 전화 사용 방법
② 휴대 전화 사용 연령
③ 학생들의 휴대 전화 휴대
④ 학생들의 휴대 전화 사용 시간
⑤ 학생들의 휴대 전화 이용 실태

2 ○○시의회 교육문화위원회는 무엇을 추진하기로 하였습니까?

_____

3 ○○시의회 입장은 무엇입니까?　　　　　　　　　　　　(　　)

① 학생들도 휴대 전화를 가지고 다녀야 한다.
② 휴대 전화 사용에 대한 규제를 풀어야 한다.
③ 학생들의 범죄 예방을 위해 휴대 전화가 필요하다.
④ 휴대 전화 사용에 대한 부모님의 단속이 필요하다.
⑤ 학생들이 학교에서 휴대 전화를 사용하지 못하게 해야 한다.

4 이 글에서 다루고 있는 쟁점에 대한 내 주장을 정하고 내 주장에 대한 근거를 쓰시오.

| 학교에 휴대 전화를 가져오면 안 된다. | |

| 학교에 휴대 전화를 가져올 수 있어야 한다. | |

| 근거 | |

고르디아스의 매듭

* 다음 글을 읽고, 물음에 답하시오.

고대 그리스에 새로운 왕은 수레를 타고 온다는 전설이 있었다. 어느 날 농부였던 고르디아스가 수레를 타고 나타나자 사람들은 전설에 따라 그를 프리기아라는 나라의 왕으로 세웠다. 그러자 고르디아스는 감사의 뜻으로 자신의 수레를 신전에 바치면서 나무 껍질로 단단히 매듭을 지어 놓았다. 그리고 후일 매듭을 푸는 사람이 아시아의 지배자가 될 것이라는 예언을 남겼다. 그때부터 많은 사람들이 매듭을 풀어 보려 했지만 워낙 복잡하게 얽혀 있어 모두 실패했다. 세월이 흐르고 알렉산더 대왕이 군대를 이끌고 프리기아에 왔을 때, 그 매듭을 보았고 매듭과 관련된 예언을 들었다. 알렉산더 대왕은 매듭을 풀려고 아무리 애써도 풀 수가 없자, 칼을 뽑아 매듭을 잘라버렸다. 그리고 알렉산더 대왕은 예언대로 아시아를 지배하는 왕이 되었으나, 칼에 잘린 매듭이 여러 조각으로 나뉜 것처럼 그가 정복한 땅도 여러 지역으로 나뉘었다.

1 알렉산더 대왕은 고르디아스가 지어 놓은 매듭을 어떻게 하였습니까?

_____

2 알렉산더 대왕이 고르디아스 매듭을 풀지 않고 칼로 자른 것에 대해 어떻게 평가할 수 있는지 자신의 의견과 근거를 쓰시오.

의견	
근거	

02 광고의 성격

읽기 | 교과서 128~129쪽 | 학습 목표 : 광고의 성격을 알 수 있다.

달려라 운동화

- 글의 종류 광고
- 글의 특징 운동화의 특성이 잘 드러나 있는 광고이다.

㉠동에 번쩍! 서에 번쩍! 홍길동보다도
축지법 도술을 부리는 전우치보다도
더 빨리 달리는 운동화가 온다!

다다다다 달려라 운동화
다른 운동화가 달리고 또 달려도
다다다다 달려라 운동화는 못 당해!
달려라 운동화의 주인이 되어 주세요!

달려라 운동화.

㉡
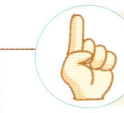 전국 학생들을 대상으로 한 인터넷 설문 조사 결과, 가장 멋진 운동화로 뽑혔습니다.

 인체 공학적으로 설계되어 발이 편안합니다.

 재질이 튼튼하여 쉽게 찢어지거나 해지지 않습니다.

1 광고의 목적은 무엇입니까? ( )

① 이해　　　　　　　　　② 설득
③ 감동　　　　　　　　　④ 표현
⑤ 설명

2 ㉠에서 전달하고자 하는 내용은 무엇입니까? ( )

① 이 운동화를 신으면 빨리 달릴 수 있다.
② 이 운동화를 신으면 도술을 부릴 수 있다.
③ 이 운동화를 신으면 축지법을 할 수 있다.
④ 이 운동화를 신으면 물집이 생기지 않는다.
⑤ 이 운동화를 신으면 발의 피로가 느껴지지 않는다.

3 ㉡의 역할은 무엇입니까? ( )

① 그림으로 사람들의 마음을 움직이는 것
② 광고하는 대상을 과장되게 표현하는 것
③ 인상적인 표현으로 인상적으로 표현하는 것
④ 정보를 제공해 대상에 대한 신뢰성을 높이는 것
⑤ 짧고 간결한 표현으로 대상의 특징 드러내는 것

4 이 광고를 통해 알 수 있는 달려라 운동화의 특징 두 가지를 쓰시오.

- _____

- _____

무섭게 잘 드는 칼

* 다음 광고를 보고, 물음에 답하시오.

1 이 광고는 사람들의 마음을 움직이기 위하여 무엇을 사용하였습니까?

① 글 ② 사진
③ 음악 ④ 착시
⑤ 기호

2 이 광고에서 표현하고자 하는 칼의 특징은 무엇인지 쓰시오.

03 광고의 표현 특성

우리나라에는 책벌레가 없습니다

- 글의 종류 공익 광고
- 글의 특징 독서량이 적다는 것을 기발하게 표현한 광고이다.

㉠ 우리나라에는
책벌레가 없습니다

우리나라 성인남녀 월평균 독서량 0.8권!
이런 저런 핑계로 책을 멀리하고 있습니다.

바쁘다는 핑계로 귀찮다는 이유로 우리나라는
어느새 한 달에 책 한 권도 읽지 않는 나라가 되었습니다.
그러나 책은 시간 날 때 읽는 것이 아니라 시간을 내서 읽는 것!
다시 책벌레로 돌아갑시다!
책을 읽으면 행복합니다.

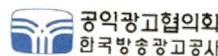
공익광고협의회
한국방송광고공사

1 다음 ☐ 안에 들어갈 알맞은 말을 쓰시오.

이 광고는 성인 남녀의 월평균 독서량을 알려 주며 책을 ☐고 설득하고 있습니다.

( )

2 이 광고에서 '책벌레'가 뜻하는 것은 무엇입니까? ( )

① 책을 먹는 사람
② 책을 싫어하는 사람
③ 책을 혐오하는 사람
④ 책을 갉아먹는 벌레
⑤ 책을 많이 읽는 사람

3 ㉠의 뜻을 풀어서 쓰시오.

_____

4 글쓴이가 제시한 책 읽는 태도를 쓰시오.

_____

5 이 글을 통해 글쓴이가 하고자 하는 말은 무엇인지 쓰시오.

_____

* 다음 공익 광고를 보고, 물음에 답하시오.

동생의 세안 - 물 네 칸
아버지의 세차 - 물 여섯 칸
누나의 샤워 - 물 여덟 칸

우리 가족의 일상을 책임지는 소중한 물.

끊어 쓰지 않으면 언젠가는 끊어집니다!

1 이 공익 광고에서 물을 무엇에 비유하였습니까?

① 휴지　　　　　　② 수도
③ 신문　　　　　　④ 샤워
⑤ 세차

2 물을 끊어 써야 하는 까닭을 쓰시오.

_____

영재 클리닉 01

조선 시대 왕은 어떻게 살았을까

나도 궁궐에 갈래.

조선 시대 왕이 살던 궁궐에 가 본적이 있나요?

조선 시대 사람들의 삶

사회 　 교과서 100~127쪽 | 학습 목표 : 조선 시대의 건국 과정과 조선 시대 사람들의 삶을 살펴볼 수 있다.

조선의 건국 과정

이성계는 요동 정벌을 위해 군사를 이끌고 북쪽으로 향하던 중 위화도에서 군사를 돌려 개경을 점령한 뒤 정권을 잡았는데, 이것을 위화도 회군이라고 합니다. 이성계가 요동 정벌을 하지 않고 위화도 회군을 한 데에는 네 가지 이유가 있습니다. 첫째, 작은 나라가 큰 나라를 치는 것은 불가능하다, 둘째, 농번기에 군사를 동원하는 것은 어렵다, 셋째, 명과 싸우는 사이에 일본군이 쳐들어올 가능성이 있다, 넷째, 장마철이라 무기를 사용하기가 어렵고 전염병이 돌 수 있다는 것입니다. 이성계는 뜻을 함께하는 사람들의 도움을 받아 고려 왕조를 무너뜨리고 반대 세력을 제거한 뒤 새로운 왕조를 열었습니다. 그리고 고조선을 계승한다는 의미에서 나라 이름을 '조선' 이라고 하였습니다.

1 '위화도 회군' 이 무엇인지 정리하시오.

---

2 이성계가 요동 정벌을 반대한 이유가 아닌 것은 어느 것입니까? 　　　　　(　　　)

① 농번기에 군사를 동원하기 힘들다.
② 작은 나라가 큰 나라를 치는 것은 어렵다.
③ 위화도 회군을 반대하는 많은 신하들이 있다.
④ 명과 싸우는 사이에 일본군이 쳐들어올 수 있다.
⑤ 장마철이라 무기 사용이 불편하고 전염병이 돌 수 있다.

3 이성계가 나라 이름을 '조선' 이라고 붙인 까닭을 쓰시오.

* 다음 표를 보고, 물음에 답하시오.

이성계가 조선의 도읍을 한양으로 정한 까닭

한양이 도읍지가 된 까닭	• 나라의 중심에 위치하고 있다. • 주변에 넓은 평야가 있다. • 한강이 있어 물을 구하기가 쉽고, 육로 및 수로 교통이 편리하다. • 여러 산으로 둘러싸여 있어 외적의 침입을 방어하기에 유리하다.

4 한양이 도읍지가 될 수 있었던 까닭이 <u>아닌</u> 것은 무엇입니까? (　　)

① 넓은 평야가 있다.
② 여러 산으로 둘러싸여 있다
③ 나라의 중심에 위치하고 있다.
④ 불교 문화의 기반이 닦여 있다.
⑤ 한강이 있어 물을 구하기가 쉽다.

5 다음과 같은 모습을 통해 알 수 있는 조선의 특징은 무엇입니까?

경복궁	• 조선을 대표하는 궁궐로, '왕과 백성이 태평성대를 누릴 큰 복을 빈다.'는 뜻이 있음. • 경복궁의 근정전과 사정전 현판에 왕이 정치를 바르게 하는 것이 중요하다는 유교적 뜻이 담겨 있음.
종묘와 사직단	경복궁의 왼쪽과 오른쪽에 각각 종묘와 사직단을 마련하여 조상과 땅의 신께 제사를 지내도록 함.
사대문과 종루	• 유교의 가르침인 '인, 의, 예, 지, 신'에 따라 사대문과 종루의 이름을 지음. • 동쪽에 있는 흥인지문은 '인'을, 서쪽에 있는 돈의문은 '의'를, 남쪽에 있는 숭례문은 '예'를, 북쪽에 있는 숙정문은 '지'를 뜻함. • 종각에 있는 종루는 '신'을 뜻함.

* 다음 표를 보고, 물음에 답하시오.

훈민정음 창제

뜻	백성을 가르치는 바른 소리
만든 까닭	훈민정음이 만들어지기 전까지 중국의 한자를 사용하였는데, 한자는 익히기가 어려워 일반 백성이 사용하기에 어려웠음.
창제 과정	세종 대왕은 사람의 몸 중에서 소리를 내는 기관인 입, 혀, 입 안, 목구멍과 하늘, 땅, 사람의 모양을 본떠 자음 17자와 모음 11자, 총 28자를 만들었음.
우수성	한자에 비해 배우기 쉽고, 모든 소리를 표현할 수 있음.
사용 계층	평민과 부녀자들
의의	양반이 아닌 일반 백성도 글을 쓸 수 있게 되어 백성들이 자신의 생각을 글로 표현할 수 있게 되었음.

6 세종 대왕이 훈민정음을 창제한 까닭을 쓰시오.

---

7 다음 만화를 보고, 양반들이 훈민정음 사용을 반대한 까닭을 쓰시오.

---

* 다음 표를 보고, 물음에 답하시오.

조선의 기본 정신, 유교의 가르침

삼강오륜	백성들은 나라에 충성하고, 부모와 웃어른을 공경하여야 하며, 남녀 간에 차별이 있음을 당연하게 여김.
관혼상제	• 관례 : 아이가 15세가 넘으면 남자는 상투를 틀어 관을 쓰고 여자는 쪽을 찌고 비녀를 꽂으며 성년식을 하는 것. • 혼례 : 어른이 된 처녀, 총각이 평생을 함께할 것을 약속하는 것. • 상례 : 사람이 죽었을 때 장례를 치르는 것으로서 부모가 돌아가시면 자식은 3년 동안 상복을 입고 묘소를 지켰음. • 제례 : 부모가 돌아가시거나 조상이 돌아가신 날에 제사를 지내는 것.

8 부모와 자식 사이에 지켜야 할 도리를 가리키는 것은 무엇인지 〈보기〉에서 찾아 쓰시오.

〈보기〉
군신유의   부자유친   부부유별   장유유서   붕우유신

(   )

9 다음은 관혼상제 중 어떤 행사를 말하는 것인지 쓰시오.

• 사람이 죽으면 하늘로 되돌아간다고 생각해 '돌아가셨다' 는 말을 씀
• 거친 삼베로 만든 상복을 입고, 문상 온 손님을 맞이함.
• 부모가 돌아가시면 자식은 3년 동안 상복을 입고 묘소를 지킴.

01 조선 시대, 왕의 하루 일과

* 다음 일과표를 보고, 물음에 답하시오.

시간	하는 일
오전 5~6시	잠자리에서 일어나 헛기침으로 일어난 것을 알리고 가벼운 죽이나 미음을 먹음.
오전 6~8시	왕실 어른들께 문안을 하고 문안이 끝나면 아침 경연인 '조강'을 함. 경연은 학문 토론 겸 정치 토론을 하는 것을 말함.
오전 8~10시	아침 수라
오후 10~12시	신하들과 나랏일을 의논하는 조회를 하고 업무 보고를 받는 '조계'를 하고 조계가 끝나면 파견된 관리를 만나는 '윤계'를 함.
오후 12~2시	낮것 먹음
오후 2~4시	점심 경연인 '주강'에 참석.
오후 4~6시	상소를 검토하거나 지방의 관료들을 만나 지방에서 벌어진 일들을 보고 받거나 백성들이 원하는 것을 들음.
오후 6~7시	대궐의 호위를 맡은 군사들과 숙직 관료들의 명단을 확인하고 야간 암호를 정해 줌.
오후 7~8시	저녁 수라
오후 8~10시	저녁 강의인 '석강'에 참석
오후 10~11시	어른들께 문안 인사
오후 11~12시	휴식
오전 12~5시	취침

1 다음은 무엇을 말하는 것인지 쓰시오.

> 왕이 학문을 닦기 위해 학식이 높은 신하들과 경서와 사서를 공부하는 것으로서 공부가 끝난 뒤에는 바른 정치를 위한 토론과 나랏일 등에 대한 논의가 주로 이루어졌다.

(   )

2 왕이 하는 일을 순서대로 나열하시오.

> ㉠ 아침 문안 인사 드림.
> ㉡ 군사에게 암호 정해 줌.
> ㉢ 상소를 검토하거나 지방의 신하를 만남.
> ㉣ 조계를 함.

(   ) ➡ (   ) ➡ (   ) ➡ (   )

3 왕이 상소를 검토하거나 지방의 관료들을 만나 지방에서 벌어진 일들을 보고 받거나 백성들이 원하는 것을 듣는 때는 언제인지 쓰시오.

_____

4 왕의 하루 일과를 통해 알 수 있는 사실 한 가지를 쓰시오.

_____

02 왕의 생활 공간

* 다음 그림을 보고, 물음에 답하시오.

⬆ 근정전

근정전은 조선시대 정궁인 경복궁의 중심 건물로, 신하들이 임금에게 인사를 드리거나 국가의 공식 행사를 거행하고 외국 사신을 맞이하던 곳임.

⬆ 사정전

근정전 뒤에 자리 잡은 곳으로 편하게 일할 수 있는 곳이라고 하여 '편전'이라고도 부름. 사정전은 임금이 문신들과 함께 경전을 강론하고 종친·대신들과 주연을 베풀던 곳임.

⬆ 강녕전

임금이 잠을 자던 곳이나 평소에 독서를 즐기거나 종친들을 만날 때도 강녕전을 이용하였고, 신하들을 초청해 이야기를 나눌 때에도 강녕전을 이용함.

1 근정전에서 하는 일 세 가지를 쓰시오.

2 왕이 편히 앉아서 나랏일을 보는 집무실을 무엇이라고 하는지 쓰시오.

03 왕의 밥상

* 다음 그림을 보고, 물음에 답하시오.

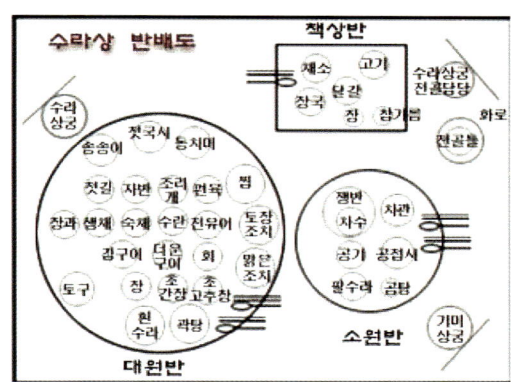

왕이 먹던 음식을 '수라'라고 하는데 왕은 아침과 저녁에는 수라를 들고, 새벽에는 죽이나 미음 등의 자릿조반을 들고, 오후에는 국수나 죽과 같은 낮것을 들었습니다. 수라상은 대원반, 소원반, 책상반 등 모두 3개의 상이 사용되고 밥, 국, 장, 김치, 조치, 찜, 전골 같은 기본 음식 외에 12가지 반찬이 올라가는 '12첩 반상' 입니다.

1 왕이 먹었던 음식을 무엇이라고 하는지 쓰시오.

(   )

2 왕이 수라를 들 때는 먼저 음식 맛을 보는 기미 상궁이 있었습니다. 왜 그런 것일까요?

_____

3 다음에서 설명하는 것이 무엇인지 쓰시오.

> 밥, 국, 장, 김치, 조치, 찜, 전골 같은 기본 음식 외에 12가지 반찬이 올라가는 상

(   )

04 왕의 옷

* 다음 글을 읽고, 물음에 답하시오.

△ 구장복

왕은 만나는 대상이나 의식에 따라 의복을 달리 입었는데, 왕의 공식적인 복장은 크게 면복, 조복, 상복이 있습니다.

가장 대표적인 의복인 면복을 '구장복'이라고 하는데 옷에 9개의 문양이 들어가기 때문에 붙여진 이름입니다. 구장복은 종묘에서 제사를 올릴 때, 즉위식과 혼례식 때 입었습니다. 그리고 국가의 경축일이나 조칙(왕의 뜻을 백성들에게 알리는 글)을 반포할 때 또 중국 황제에게 표(황제에게 올리는 글)를 올릴 때 입는 '조복'이 있고, 평소에 입는 '상복'이 있습니다. 조선 왕은 상복으로 '곤룡포'를 입었습니다.

1 왕의 복장을 크게 세 가지로 나누어 보시오.

2 국가의 경축일이나 조칙을 반포할 때 또 중국 황제에게 표를 올릴 때 입는 옷을 무엇이라고 하는지 쓰시오.

이야기 꾸며 쓰기

교과서 논술 03

『듣기·말하기·쓰기』·『읽기』 _ 7. 상상의 날개

날개가 없는데……

01 이야기 꾸며 쓰기

 듣기   말하기   쓰기   교과서 132~135쪽 | 학습 목표 : 사건 사이의 관계가 잘 드러나게 이야기를 꾸며 쓸 수 있다.

자전거 도둑

양태석

　며칠 전, 민우는 학교가 끝난 뒤에 반 아이들과 운동장에서 축구를 하고 있었다. 민우의 자전거는 철봉 옆에 세워져 있었다. 그런데 후반전을 하는 중에 누군가 자전거 옆에서 서성거리는가 싶더니 어느 순간 훌쩍 자전거에 올라탔다. 그러고는 유유히 학교 밖으로 빠져나갔다. 그때, 민우는 골키퍼를 보고 있던 터라 그 광경을 똑똑히 보았다.

　자전거를 타고 간 아이는 4학년 때 같은 반이었던 영래였다. 민우는 자전거를 훔쳐 간 범인을 자기 눈으로 분명히 보았으면서도 아무 말도 하지 않고 멍하니 바라보기만 하였다.

　자전거를 잃어버린 지 2주일쯤 지난 어느 날이었다.

　그날은 아침부터 오후까지 안개가 자욱하였다. 민우는 피아노 학원에서 나와 집으로 향하고 있었다. 그런데 민우는 집으로 가다 파출소 앞에서 아버지와 딱 마주쳤다. 놀랍게도 아버지께서는 한 손으로 자전거를 잡고 계셨는데 그 옆에는 영래가 죄인처럼 고개를 푹 숙이고 있었다.

　아버지께서 민우를 발견하고 소리치셨다.

　"민우야, 자전거 찾았다!"

　민우는 멍하니 아버지를 올려다보았다.

　"이거 맞지, 네 자전거? 자, 잘 봐. 새로 노란 페인트를 칠했지만 안장 뒤에 분명 M(엠) W(더블유)라고 쓰여 있잖아? 맞지?"

　그건 틀림없는 민우의 자전거였다.

　꼼꼼한 성격의 아버지가 혹시 잃어버릴 것에 대비하여 지워지지 않는 펜으로 안장 뒤에 아주 작게 민우의 영문 머리글자를 써 놓은 것이다. 색이 파란색에서 노란색으로 바뀐 자전거 짐칸에는 신문이 잔뜩 실려 있었다.

　민우가 고개를 끄덕이자 아버지께서는 이제 확인은 끝났다는 듯 기세 좋게 말씀하셨다.

　"이런 녀석은 파출소에 가서 혼 좀 나야 해. 얼른 따라와!"

　아버지께서는 영래를 파출소에 넘기실 생각인 것 것 같았다. 영래는 금세 울음을 터뜨릴 것처럼 겁에 질려 있었다.

　아버지께서 영래를 이끌고 파출소로 가려 하자, 민우가 갑자기 아버지의 팔뚝을 잡았다.

　"아버지, 제 말 좀 들어 보세요."

　"무슨 말?"

　㉠"사실……, 이 자전거 제가 영래 준 거예요."

　"뭐라고? 누구 맘대로 자전거를 줘?"

"아버지께서 저 사 주신 거니까 이 자전거 제 것이잖아요? 그렇지요?"
"그야……, 그렇지."
"제 것이니까 제 맘대로 영래 준 거예요."
"뭐? 참 어이가 없네. 너 지금 무슨 소리 하는 거야?"
그때 민우가 영래를 바라보며 둘만 알게 찡긋 웃는 눈짓을 하였다.
"영래야, 대답해 봐. 내가 준 거 맞지?"
영래는 잔뜩 굳은 표정으로 겨우 고개를 끄덕였다.
"보셨지요, 아버지? 맞잖아요. 영래야, 어서 네 자전거 몰고 가. 그리고 내일 학교에서 보자."
영래는 머뭇거리다 아버지께 인사를 꾸벅하고는 자전거를 질질 끌고 안개 속으로 사라졌다.
"어, 어……."
아버지께서는 뭐라고 말씀도 못하고 자전거를 끌고 가는 영래의 뒷모습만 멍하니 바라보셨다.

1 이 글에서 일어난 사건이 <u>아닌</u> 것은 무엇입니까? ( )

① 민우는 범인을 보았다.
② 영래는 자전거를 훔쳤다.
③ 민우 아버지는 자전거를 잃어버렸다.
④ 아버지께서 영래를 파출소로 넘기시려고 했다.
⑤ 민우는 아버지께 자기가 자전거를 영래에게 주었다고 거짓말을 했다.

2 민우가 ⊙과 같이 거짓말을 한 까닭은 무엇입니까?

_____

3 민우 아버지의 성격이 너그럽다면 이야기가 어떻게 바뀌었을지 쓰시오.

꽃을 못 피운 소년은 어떻게 되었을까

* 다음 글을 읽고, 물음에 답하시오.

　어느 나라에 지혜로운 임금님이 계셨습니다. 하루는 그 임금님이 신하들을 불러 백성들에게 여러 종류의 꽃씨와 화분을 골고루 나누어 주라고 했습니다. 그리고 1년 뒤에 가장 예쁘게 꽃을 가꾼 한 사람에게는 큰 상을 내리겠다고 했습니다. 물론 임금님이 나누어 주신 꽃씨를 심어 피운 꽃이어야만 했습니다.

　임금님은 1년이 되는 날 여러 신하들을 데리고 가지각색의 꽃이 핀 마을을 지나갔습니다. 그런데 집집마다 핀 예쁜 꽃을 보는 임금님의 얼굴이 슬퍼 보였습니다. 임금님이 마을의 꽃을 다 보고 돌아가려고 할 때, 꽃 없는 화분을 들고 서 있는 한 소년을 보셨습니다. 소년은 겁에 질린 듯 울먹거리고 있었습니다. 임금님은 왜 화분에 꽃이 없느냐고 물었습니다. 소년은 "임금님이 주신 꽃씨를 심고 정성껏 물도 주고 볕도 쬐어 주고 하였지만 싹이 트지 않습니다"라고 말하였습니다. 소년의 말을 들은 임금님은…….

1 소년이 임금님께 싹이 트지 않은 화분을 보여 준 뒤에 어떤 일이 벌어졌을지 뒷이야기를 상상하여 쓰시오.

02 시를 바꿔 쓰기

읽기 | 교과서 140~141쪽 | 학습 목표 : 시의 일부분을 바꾸어 쓰는 방법을 알 수 있다.

- 글의 종류 시
- 글의 특징 까치의 울음소리를 통해 산속 분위기를 표현한 시이다.

(가)

산울림

윤동주

까치가 울어서
산울림.

아무것도 못 들은
산울림.

까치가 들었다
산울림.

저 혼자 들었다
산울림.

(나)

산울림

이른 아침
고요한 산속
까치가 울어서
산울림.

토끼도 다람쥐도
골이 깊어
아무도 못 들은
산울림.

저 혼자 들었다
산울림.

1 시 (나)는 시 (가)를 어떤 방법으로 바꾸어 쓴 것입니까? ( )

① 글감을 바꾸어 썼다.
② 말하는 이를 바꾸어 썼다.
③ 자신의 경험을 떠올려 썼다.
④ 낱말을 보태거나 줄여서 썼다.
⑤ 반복되는 말을 넣어 리듬감을 살려 썼다.

2 시 (가)를 시 (나)로 바꿔 쓰면서 달라진 점을 한 가지 쓰시오.

(가)

우리 아빠 시골 갔다 오시면
김용택

우리 아빠 시골 갔다 오시면
시골이 다 따라와요.

이건 담장의 호박잎
이건 강 건너 밭의 풋고추
이건 부엌의 고춧가루.

우리 아빠 시골 갔다 오시면
시골이 다 따라와요.
맨 나중에는 잘 가라고 손짓하시는
시골 우리 할머니 모습이 따라와요.

(나)

우리 엄마 ㉠ 갔다 오시면

우리 엄마 시장 갔다 오시면
시장이 다 따라와요.

이건 생선 가게의 고등어
이건 정육점의 삼겹살
이건 채소 가게의 시금치.

3 시 (가)의 주인공은 누구인지 쓰시오.

( )

4 ㉠에 들어갈 알맞은 말을 쓰시오.

( )

5 시 (나)의 3연을 장소에 맞게 쓰시오.

달밤 바꿔 쓰기

* 다음 시를 읽고, 물음에 답하시오.

달밤

조지훈

순이가 달아나면,
기인 담장 위로
달님이 따라 오고,

분이가 달아나면,
기인 담장 밑으로
달님이 따라 가고.

하늘에 달이야 하나인데
순이는 달님을 데리고
집으로 가고,

분이도 달님을 데리고
집으로 가고.

1 시 속 주인공의 이름과 장소를 바꿔 시의 일부분을 쓰시오.

_____가 달아나면	하늘에 달이야 하나인데
_____	_____는 달님을 데리고
달님이 따라오고,	_____로 가고,
_____가 달아나면,	
_____	_____도 달님을 데리고
달님이 따라 가고	_____로 가고.

03 시에 대한 느낌과 생각

읽기 | 교과서 142~145쪽 | 학습 목표 : 시에 대한 느낌과 생각이 다른 까닭을 알 수 있다.

모서리

- 글의 종류 시
- 글의 특징 모서리에 부딪힌 경험을 통해 자신의 잘못을 떠올리는 시이다.

"아야!
아유 아파."
책상 모서릴 흘겨보았다.
"내 잘못 아냐."
모서리도 눈을 흘긴다.

쏘아보는 그 눈빛이
나를 돌아보게 한다.
어쩜 내게도
저런 ㉠<u>모서리</u>가 있을지 몰라.
누군가 부딪혀 아파했겠지.
원망스런 눈초리에
"네가 조심해야지."
시치미 뗐을 거야.

모서리처럼
나도 그렇게 지나쳤겠지.

㉡<u>부딪힌 무릎보다
마음 한쪽이 더 아파온다.</u>

1 ㉠ '모서리'가 뜻하는 것은 무엇인지 쓰시오.

2 시 속 주인공이 ⓒ과 같이 느낀 까닭은 무엇입니까?

_____

3 시를 읽은 뒤의 생각이나 느낌이 다음과 같이 서로 다른 까닭은 무엇입니까?

> 보경 : 왜 마음 한쪽이 더 아파 온다고 하였을까? 시에서 말하는이도 친구에게 잘 못하고 시치미를 뗀 적이 있었나 봐.
> 준영 : 저번에 모서리에 부딪혔는데 정말 아프더라. 시퍼렇게 멍이 들었어.

_____

_____

4 이 시를 읽고 느낀 점 한 가지를 쓰시오.

_____

_____

홍시를 읽고 느낀 점

* 다음 시를 읽고, 물음에 답하시오.

홍시

정지용

어저께 홍시하나.
오늘에도 홍시하나.

까마귀야. 까마귀야.
우리 나무에 왜 앉았나.

우리 오빠 오시걸랑.
맛뵐라구 남겨 뒀다.

후락딱딱
훠이 훠이!

1 주인공이 홍시를 남겨 둔 까닭은 무엇입니까?

_____

_____

2 이 시를 읽고, 느낀 점을 쓰시오.

_____

_____

_____

신기한 식물

『과학』 _ 3. 식물의 구조와 기능

식물 맞아?

식충 식물은 왜 벌레를 잡아먹는 걸까요?

식물의 구조와 기능

과학 교과서 96~121쪽 | 학습 목표 : **식물의 구조와 기능을 알 수 있다.**

* 다음 자료를 보고, 물음에 답하시오.

뿌리가 하는 일

○ 느티나무   ○ 해바라기   ○ 봉숭아

뿌리는 땅속에서 식물을 지지해 주는 역할과 물과 양분을 흡수하는 역할을 합니다.

1 이 그림을 통해 알 수 있는 사실은 무엇입니까? ( )

① 땅위의 열매가 작을수록 뿌리 깊이가 길다.
② 땅위의 식물의 크기가 클수록 뿌리 길이도 길다.
③ 뿌리는 영양분을 만들고 열매의 씨가 들어 있다.
④ 땅위의 식물의 색깔에 따라 뿌리의 색깔도 다르다.
⑤ 뿌리는 땅의 굳기에 따라 뿌리를 내리는 정도가 다르다.

2 뿌리가 하는 일 두 가지를 쓰시오.

• _____

• _____

* 다음 그림을 보고, 물음에 답하시오.

줄기의 겉모양과 하는 일

⬆ 대나무 줄기

⬆ 개나리 줄기

식물 줄기의 겉모양에서 나타나는 공통점은 땅위로 나와 있고 껍질이 있으며 마디가 반복되며 잎이 달려 있고 끝에 눈이 있다는 것입니다.

식물 줄기는 뿌리와 잎을 연결해 주고, 식물을 지탱하며, 껍질이 있어 식물을 보호해 줍니다.

3 식물 줄기의 겉모양의 공통점 세 가지를 쓰시오.

- _____
- _____
- _____

4 다음은 무엇에 대한 설명인지 쓰시오.

> 식물 줄기의 끝에 있으며 새로운 줄기와 잎을 만듭니다.

(   )

* 다음 그림과 글을 보고, 물음에 답하시오.

잎의 구조와 하는 일

개나리 잎	자주달개비 잎

약간 길쭉한 잎이 양쪽으로 여러 개 달려 있고 그물 모양의 잎맥이 있음.	긴 잎이 허리띠 모양으로 달려 있고 나란한 모양의 잎맥이 있음.

5 다음은 무엇에 대한 설명인지 쓰시오.

> 모양은 다양하고, 색깔은 녹색입니다. 대부분 잎몸이 잎자루에 연결되어 줄기에 붙어 있으며, 잎몸에는 잎맥이 있어 잎의 형태를 유지해 줍니다.

(   )

6 개나리 잎의 잎맥 모양에는 ○표 하고, 자주달개비 잎의 잎맥 모양에는 ▲표 하시오.

(1)    (2)

(   )　　　　　(   )

* 다음 그림과 글을 보고, 물음에 답하시오.

꽃과 열매의 구조와 하는 일

꽃	꽃은 암술, 수술, 꽃잎, 꽃받침으로 구성되어 있습니다. 암술은 암술머리, 암술대, 씨방으로 이루어져 있고 수술은 수술대와 꽃밥으로 이루어져 있습니다. 꽃은 씨를 만드는 역할을 합니다.	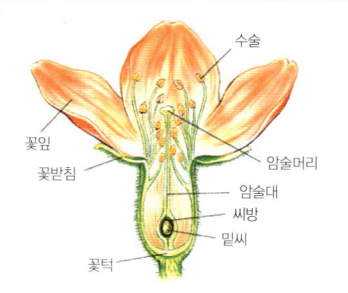
열매	열매는 씨와 씨를 보고하고 있는 껍질 부분을 합한 것으로, 식물은 씨를 멀리 퍼뜨리기 위해서 열매를 만듭니다. 열매는 익기 전에는 녹색을 띠다가 익으면 동물들의 눈에 잘 띄는 빨간색, 노란색 등으로 바뀝니다.	

7 암술머리, 암술대, 씨방으로 이루어져 있는 것은 무엇입니까?

8 꽃이 하는 일 한 가지를 쓰시오.

9 식물이 열매를 만드는 까닭은 무엇입니까?

01 만지면 오므라드는 식물 미모사

* 다음 글을 읽고, 물음에 답하시오.

브라질 원산의 관상식물로, 원래 여러해살이풀이지만 우리나라에서는 원산지와 온도가 달라 한 해밖에 살지 못합니다.

그리스 신화에는 자신의 미모와 재주를 뽐내던 미모사 공주가 목동으로 변장한 태양신 아폴로와 그를 따르던 시종들의 아름다움에 부끄러워하다가 한 포기의 풀로 변했다는 이야기가 전합니다. 그 이후부터 미모사는 사람의 손길이 닿기만 하면 몸을 움츠린다고 합니다.

미모사는 밤이 되면 처지고 오므라드는데, 이는 식물체 내의 수분 이동에 따른 수축 현상입니다. 몸의 수분이 아래쪽으로 이동하여 세포 내 팽압이 떨어지면서, 조직이 힘을 잃고 밑으로 처지게 되는 것입니다. 낮에도 잎을 건드리면 밑으로 처지고 오므라드는데, 벌레들이 잎을 먹어치우는 것을 막기 위한 방어 행위로 알려져 있습니다. 미모사의 잎은 낮에는 엽점에 수분이 많기 때문에 팽압이 높아져 잎이 펴지고, 밤에는 반대로 팽압이 낮아지면서 잎이 접힙니다. 미모사가 이렇게 밤에 잎을 접는 것을 마치 잠을 자는 것 같다고 해서 수면 운동이라고 합니다. 낮에는 펼쳐지고 낮에는 잎을 접기 때문에 낮 동안에는 햇볕을 많이 받고 밤에는 식물체의 온도를 유지할 수 있다는 장점이 있습니다.

1 미모사는 밤이 되면 어떻게 됩니까?

2 미모사의 잎이 낮에도 건드리면 밑으로 처지고 오므라드는 까닭은 무엇입니까?

02 벌레 잡는 식물

* 다음 글을 읽고, 물음에 답하시오.

식충 식물은 특별한 기관이 있어 곤충 등의 작은 동물을 잡아 그것을 소화시켜서 양분의 일부를 얻고 있는 식물의 총칭으로 동물을 잡는 방법에 따라 3가지로 나눈다. 포충낭을 가진 종류, 끈끈이주걱과 같이 개폐 기구가 있는 포충엽을 가진 종류, 벌레잡이제비꽃과 같이 점액을 분비하는 선모가 있는 종류가 있다.

▶파리지옥

파리지옥은 덫 안쪽에 달콤한 즙이 있다. 벌레들은 그 즙을 먹으려고 파리지옥의 덫 안으로 들어오게 되는데 그때 파리지옥 덫 안에 나 있는 뾰족한 털을 두 번 이상 건드리면 덫이 닫혀서 벌레가 빠져나오지 못하게 된다.

▶네펜데스(벌레잡이통풀)

포충낭(주머니) 입술주위에 꿀이 묻어 있어서 그 달콤한 꿀 냄새로 벌레를 유인한다. 그 꿀에는 벌레를 마취시키는 효과가 있어서 그 꿀을 먹은 벌레는 포충낭(주머니)안으로 빠지게 된다. 그 안에는 소화액이라는 액체가 있는데 그 액체에 빠지면 날개가 젖어서 날지 못하고 발로 기어나가야 되는데 포충낭(주머니)안쪽은 무척 매끈매끈하고 미끄럽기 때문에 벌레가 걸어서 빠져나올 수 없다. 결국은 그 액체 안에서 익사하게 되고, 점점 소화되어간다.

▶끈끈이주걱

잎 표면에 있는 점액은 무척 예쁘게 생겼다. 그 예쁜 점액은 꿀방울처럼 생겼는데 벌레들은 그 점액을 꿀방울로 착각하고 끈끈이주걱의 잎에 앉는다 그럼 그 끈끈한 점액에 달라붙게 되서 빠져나가지 못한다. 그리고 그 점액을 통해서 소화액이 나오게 되는데 그 소화액은 벌레의 껍질은 남겨두고 벌레의 안쪽만 소화한다.

▶벌레잡이제비꽃

여러해살이풀로 벌레잡이오랑캐라고도 한다. 높이 5~15cm로 잎은 긴 타원형이거나 좁은 달걀 모양이다. 옆면에 선모가 나 있어 점액을 분비하여 작은 벌레를 잡는다.

1 '식충 식물'이란 무엇인지 설명하시오.

03 풍년과 흉년을 점치는 이팝나무

* 다음 글을 읽고, 물음에 답하시오.

이팝나무란 이름에는 여러 가지 유래가 전해지는데 하나는 이팝나무가 꽃이 피어 나무 전체가 하얀 꽃으로 덮이면 마치 흰 쌀밥을 수북하게 담아 놓은 듯한 모양인데, 조선 시대에 쌀밥을 먹기 위해서는 이(李)씨의 밥을 먹어야 한다는 뜻에서 이밥나무라고 부르던 것이 이팝나무가 되었다는 설이다. 다른 하나는 이팝나무 꽃이 입하(立夏) 절기에 피기 때문에 입하목이라고 부르던 것이 입하나무로 되었다가 이팝나무로 바뀌었다는 설이다.

그리고 우리나라의 크고 오래된 이팝나무에는 거의 한결같은 이야기가 전해지고 있는데, 그것은 이팝나무의 꽃이 많이 피고 적게 피는 것으로 그해 농사의 풍년과 흉년을 점친다는 것이다. 이팝나무는 물이 많은 곳에서 잘 자라는 식물이므로 비의 양이 적당하면 꽃이 활짝 피고, 부족하면 잘 피지 못한다. 물의 양은 벼농사에도 관련되는 것으로, 오랜 경험을 통한 자연관찰의 결과로서 이와 같은 전설이 생겼다고 본다.

1 이팝나무가 꽃이 피어 나무 전체가 하얀 꽃으로 덮이면 어떤 모양이라고 했습니까?

_____

2 사람들은 이팝나무의 꽃이 많이 피고 적게 피는 것으로 무엇을 점쳤습니까?

_____

어린이의 행복할 권리

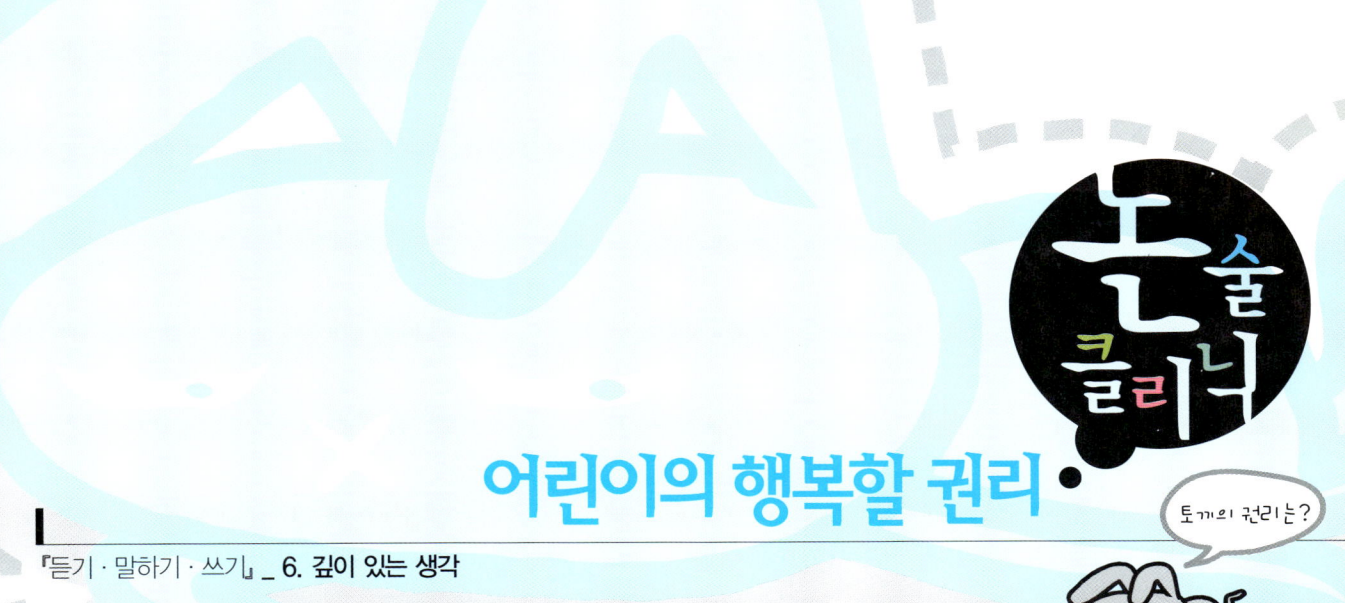

「듣기·말하기·쓰기」_ 6. 깊이 있는 생각

01 학원에 끌려 다니는 아이들

∗ 다음 글을 읽고, 물음에 답하시오.

불쌍한 내 짝꿍

○○월 ○○일 수요일 날씨 : 맑음

오늘은 모처럼 수업이 일찍 끝나는 수요일이다. 나는 아침부터 들뜬 마음으로 노래를 흥얼거리며 학교에 갈 준비를 하였다. 어머니께서는 무슨 좋은 일이라도 있느냐며 궁금해하셨다.

"오늘 학교 마치고 5학년 남자애들끼리 축구 시합을 하기로 했어요. 다른 날에는 수업이 많아서 아이들이 학교 마치면 집에 가니까 같이 놀기 힘들잖아요."

"그럼 네 짝꿍도 같이하겠네? 그 아이도 운동하는 것 좋아하잖아?"

"아마 제 짝꿍은 같이 못 할 거예요. 이번 시험에서 성적이 떨어졌다고 그 아이 어머니께서 새로운 학원에 등록하셨대요."

"어쩐지, 요즈음 그 아이 어깨가 축 처져 있더라니……. 그러면 네 짝꿍은 도대체 학원을 몇 군데나 다니는 거니? 힘들겠다."

어머니의 말씀을 듣고 보니 문득 내 짝꿍이 불쌍하다는 생각이 들었다. 내 짝꿍은 운동도 잘하고 악기를 연주하는 것도 좋아하는데, 어떤 날은 밤 10시가 되어야 집에 간다고 한다. 밤늦게까지 학원에 다니다 보니 잠도 부족해 보이고 스트레스도 많이 받는 것 같다.

초등학교 때부터 이렇게 늦은 시간까지 학원에 다니며 공부해야 하는 것일까? 우리 할아버지께서는 공부는 스스로 하는 습관을 가지는 것이 중요하다고 말씀하셨는데…….

1 '나'는 왜 짝꿍이 불쌍하다고 생각하였는지 쓰시오.

논술 에너지를 쌓아라

01 지구촌의 목표

* 다음 그림을 보고, 물음에 답하시오.

○ 새천년 개발 목표

1 새천년 지구촌 개발 목표 중에 어린이와 관련이 많은 목표 두 가지를 고르시오.

(,   )

① 성평등 촉진   ② 초등교육 달성
③ 유아 사망률 감소   ④ 지속가능한 환경 보장
⑤ 세계적 파트너십 구축

2 다음은 새천년 개발 목표 중 무엇과 관련 있는지 쓰시오.

> 최근 많은 국가들이 계속되는 긴 가뭄과 전쟁으로 심각한 식량 위기를 겪고 있습니다. 1천 30만 명의 인구가 식량 부족과 질병으로 위기에 처해 있으며 이 중 절반 이상은 어린이입니다.

(   )

02 모든 어린이에게 교육 기회를

* 다음 지도를 보고, 물음에 답하시오.

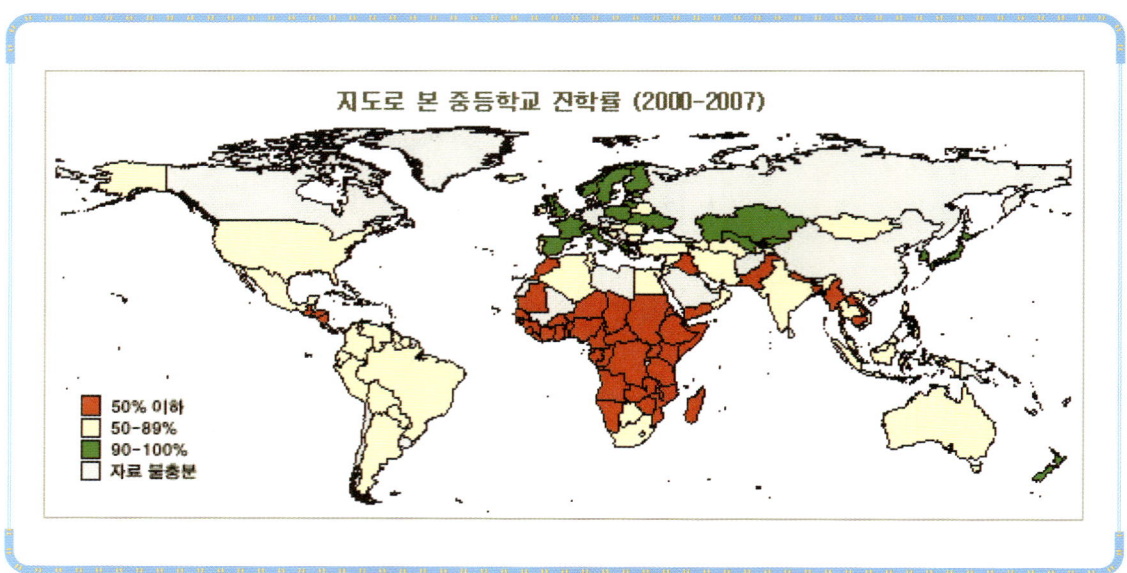

1 중등학교 진학률이 90% 이상인 국가가 더 많은지 50% 이하인 국가가 더 많은지 쓰시오.

(   )

2 다음 표를 보고, 초등학교 입학률이 가장 높은 나라와 가장 낮은 나라를 쓰시오.

국가	초등학교 입학률	5학년 진학률
대한민국	97%	99%
캄보디아	65%	45%
라오스	69%	54%
아프카니스탄	24%	49%
파키스탄	46%	50%
스위스	99%	100%

• 높은 나라 : _____

• 낮은 나라 : _____

03 여자 어린이에게 교육 기회를

* 다음 글을 읽고, 물음에 답하시오.

> 유니세프는 "전 세계 여자 어린이의 24%는 초등학교조차 졸업하지 못하고 있다."고 발표했다.
>
> 초등학교에 들어갈 나이가 됐는데도 교육을 받지 못하는 전 세계 어린이 수가 9천 3백만 명에 이르며, 이 중 여자 어린이가 53.7%에 달한다. 또, 아프리카 여자 어린이들의 중학교 진학률이 10%에도 못 미치는 것으로 나타났다.
>
> 통계에 의하면, 초등학교에 다니지 않는 어린이 중 450만 명이 사하라 이남 아프리카 지역에 몰려 있었다. 부르키나파소, 부룬디, 차드, 에디오피아, 기니, 니제르, 소말리아, 탄자니아 등 아프리카 국가 여자 어린이의 중학교 진학률은 10%도 되지 않았다.
>
> 보고서는 "여자 어린이들이 교육을 제대로 받아야 영양과 건강에 대한 정보를 더 많이 알게 되고, 어른이 됐을 때 자녀를 더 건강하게 키울 수 있으며 이는 결국 국가 발전의 바탕이 된다."고 지적했다.
>
> 유니세프는 보고서를 통해, 여자 어린이 교육을 위해 남녀 어린이 모두에게 교육은 똑같이 중요하며 교육을 개발 계획의 주요 요소로 포함시켜야 하며 초등 교육 수업료를 없애고 교육을 위한 국제 기금을 늘릴 것 등을 주장했다.
>
> －『소년조선일보』기사 중에서

1 이 글에서 여자 어린이들이 교육을 제대로 받아야 하는 까닭은 무엇이라고 말하고 있습니까?

2 이 글에서 여자 어린이들이 교육을 제대로 받을 수 있는 방법으로 제시한 것 두 가지를 쓰시오.

•

•

04 어린이에게 노동 대신 교육을

* 다음 글을 읽고, 물음에 답하시오.

우리가 집이나 학교에서 재미로 축구를 즐길 때 쓰는 축구공을 밤낮으로 꿰매는 어린이들이 있다. 스포츠용품 생산업체의 '아동노동 근절' 약속에도 불구하고 어린이들은 여전히 고된 노동을 하고 있다. 일부 어린이들은 학교에도 가지 못하고, 가족의 생계를 위해 돈을 벌어야 하는 상황으로 내몰리고 있는 것이다.

일본의 아동노동반대 캠페인은 2002년 한일 월드컵이 열리던 때에 아동 노동에 관심이 많은 젊은이들에 의해 진행되었다. 이 모임의 기자회견에서 인도 소녀 '소냐'는 친구들이 일을 그만두고 학교에 다닐 수 있도록 모두 함께하자고 말했다. 이 캠페인의 요구 사항을 분명히 하기 위해서 '어린이를 위한 페어플레이 선언'을 만들었다. 다음은 이 선언의 4가지 주요 요구 사항이다.

1 노동을 위해 어떤 어린이에게서든 놀고 공부할 권리를 빼앗지 않는다.

2 모든 자금 담당자는 해결책 모색에 함께 해야 한다.

3 어린이의 목소리를 대변하고, 우선적으로 어린이들의 흥미와 요구를 들어 줄 수 있어야 한다.

4 아동노동이 발견되면 숨기지 말고, 사회적으로 문제를 해결하기 위한 단계를 밟아야 한다.

1 '어린이를 위한 페어플레이 선언' 첫 번째 요구 사항에서 말하고 있는 어린이의 권리는 무엇인지 쓰시오.

2 다음 공익 광고가 전달하고자 하는 내용은 무엇인지 쓰시오.

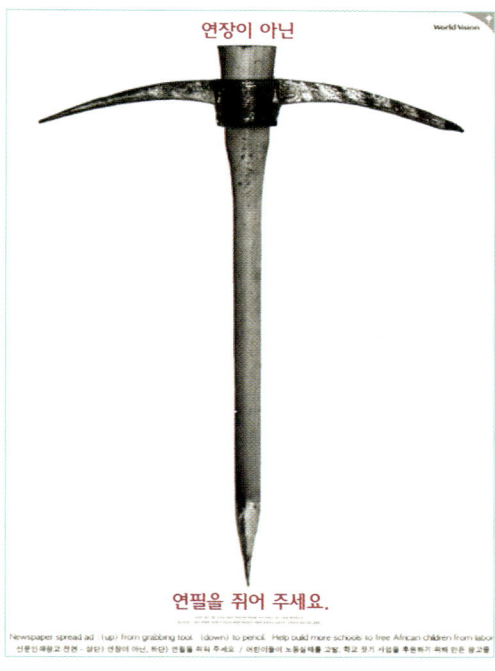

3 다음 표를 보면 전 세계의 많은 어린이들이 노동을 하고 있습니다. 이와 같이 어린이가 노동을 하는 것이 문제가 되는 까닭을 한 가지만 쓰시오.

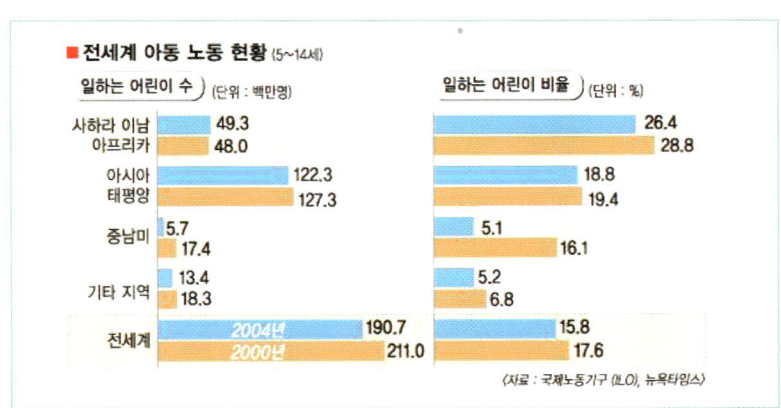

05 어린이의 권리

* 다음 글을 읽고, 어린이가 누려야 할 권리에는 어떤 것들이 있는지 생각해 보시오.

유엔아동권리협약은 1989년 11월 20일 유엔총회에서 채택된 국제적인 인권조약으로 아동의 생존, 보호, 발달, 참여의 권리 등 어린이 인권과 관련된 모든 권리를 규정해 놓고 있습니다.

어린이를 권리의 대상이 아닌 권리의 주체로 인식하였다는 점에서 어린이 관련 인권 조약의 새로운 지평을 열었습니다.

아동권리협약을 비준한 나라의 정부는 생존의 권리, 발달의 권리, 유해한 것으로부터 보호받을 권리, 학대받고 착취당하지 않을 권리, 참여의 권리, 문화적 사회적 삶에 대한 권리 등 협약에 명시된 모든 아동의 권리를 보장할 의무를 가지고 있습니다.

[유엔아동권리협약의 4가지 권리]

◎ 생존의 권리 : 적절한 생활 수준을 누릴 권리, 안전한 주거지에서 살아갈 권리, 충분한 영양을 섭취하고 기본적인 보건 서비스를 받을 권리 등 기본적인 삶을 누리는데 필요한 권리입니다.

◎ 보호의 권리 : 모든 형태의 학대와 방임, 차별, 폭력, 고문, 징집, 부당한 형사 처벌, 과도한 노동, 약물과 성폭력 등 어린이에게 유해한 것으로부터 보호 받을 권리입니다.

◎ 발달의 권리 : 잠재능력을 최대한 발휘하는데 필요한 권리입니다. 교육 받을 권리, 여가를 즐길 권리, 문화생활을 하고 정보를 얻을 권리, 생각과 양심, 종교의 자유를 누릴 권리가 여기에 속합니다.

◎ 참여의 권리 : 자신의 나라와 지역사회 활동에 적극적으로 참가할 수 있는 권리입니다. 자신의 의견을 표현하고, 자신의 삶에 영향을 주는 문제들에 대해 발언권을 지니며, 단체에 가입하거나 평화적인 집회에 참여할 수 있는 자유를 뜻합니다.

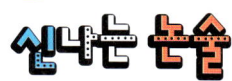

어린이의 권리는 왜 지켜져야 하는가

※ 앞의 유엔아동권리협약의 4가지 권리를 잘 살펴보고, 이와 같이 어린이의 권리가 지켜져야 하는 까닭은 무엇인지 논술하시오.

신나는 논술

300

400

500

첨삭지도

국어 술술 사회 술술 과학 술술

05 사실과 관점

* 다음 글을 읽고, 물음에 답하시오.

자연을 닮은 옷, 한복

우리 모둠은 우리나라 전통 의상인 한복에 대하여 발표하려고 합니다.

한복은 쭉 뻗은 직선과 부드러운 곡선이 조화를 이룬 우리나라의 전통 옷입니다. 여자는 짧은 저고리와 넉넉한 치마로 우아한 멋을 풍겼으며, 남자는 바지저고리를 기본으로 조끼와 마고자로 멋을 냈습니다. 백의민족답게 기본색은 흰색이었으며, 계절에 따라 신분에 따라 입는 예법이나 소재, 색상이 모두 달랐습니다.

한복은 농사를 짓게 되면서부터 생겨났습니다. 그 전에는 풀이나 나무껍질, 동물의 가죽이나 털로 옷을 해 입었습니다. 그러다가 약 2300년 전에 저고리, 바지, 치마 등이 나타났습니다. 우리 민족은 활동적이고 진취적이라 옷 역시 활동하기에 편해야 하였습니다. 고구려의 고분 벽화인 무용총의 '수렵도'를 보더라도 한복의 특징이 잘 나타나 있습니다.

요즈음에는 나이에 상관없이 자신이 좋아하는 색으로 입을 수 있지만 예전에는 그렇지 않았습니다. 여자들은 노란색이나 연두색의 저고리에 분홍색이나 다홍색 또는 남색 계통의 치마를 입는 경우가 많았습니다. 보통 초록색 저고리와 빨간색 치마는 새색시들이 입고, 노란색 저고리와 빨간색 치마는 처녀들이 입었습니다. 남자는 옥색, 분홍색, 보라색 등의 엷은 색의 바지와 저고리를 입었습니다. 외출할 때에는 두루마기를 입었는데, 여름에는 시원해 보이도록 흰색, 옥색 등의 엷은 색의 천으로 만들어 입었고, 겨울에는 회색이나 밤색 등을 주로 입었다고 합니다.

1 여자와 남자 한복의 차이를 쓰시오.

_____

_____

_____

* 다음 글을 읽고, 물음에 답하시오.

[제 4장]

자라 : 토 선생, 이곳 재미는 어땠습니까?
토끼 : 비록 부귀영화를 누리고 있지는 않지만 아주 편한 생활을 하고 있다오. 봄에는 진달래, 개나리가 활짝 피어 벌과 나비가 춤을 추고, 여름에는 푸른 소나무 정자 밑에 매미 소리가 들리니, 여기보다 더 좋은 곳이 어디 있겠소?

자라 : (고개를 좌우로 흔들며 목소리를 높이면서) ㉠어허, 토 선생! 당신은 거짓말을 참 잘하는구려. 생각해 보시오. 긴 겨울 동안 굴속에서 떨다가 봄소식을 얻어듣고 풀잎 먹고자 나오면 사나운 독수리가 쏜살같이 따라오니 데굴데굴 굴러서 어느 틈에 꽃구경할 것이며, 여름이면 마른 목을 축이려고 시냇가를 찾노라면 밭을 매던 농부들이 호미 들고 뒤쫓으니, 가슴이 벌렁벌렁, 달아나기 바쁘잖소? 그러니 어느 때나 마음 편할 날이 있겠소?
토끼 : (한참 동안 말이 없다가) 당신은 어찌 그리 내 생활을 잘 아시오? 정말이지, 나는 이 한 목숨 부지하느라고 잠시도 편할 날이 없소. 이 눈치 저 눈치 살피느라고 이제는 눈까지 다 빨개졌다오.
자라 : 산속 친구들에게 들으니 살아가기가 날로 험하여 모두 좋은 곳을 찾아 떠난다던데, 당신은 왜 떠나지 않으시오?
토끼 : (근심스러운 표정으로) 나는 본디 친구들을 널리 사귀지 못하는 데다가 어디로 가야 할지도 잘 모르겠소.
자라 : (좋은 기회를 잡았다는 듯이) 아, 토 선생. 걱정 마시오. 나와 함께 우리 용궁으로 갑시다. 당신은 털이 백옥같이 흰 데다가 눈 또한 홍보석같이 잘생겼으니 용왕님께서 반갑게 맞아 주실 것이오.

[제 5장]

자라가 바닷속 용궁으로 토끼를 데리고 와서 용왕 앞에 선다.
용왕 : (긴 수염을 어루만지며) 오랫동안 앓고 있는 병에 네 간이 약이 된다는 말을

듣고 별주부를 땅으로 보내어 너를 데려오게 하였느니라.
토끼: (깜짝 놀라며) 아니, 제 간을 잡수시겠다고요?
자라: (미안해하는 표정을 지으며) 토 선생, 미안하게 됐구려. 하지만 산속의 조그마한 짐승이 용왕님을 위하여 목숨을 바치는 것도 영광이라 생각하고 너무 서러워 마시구려.
용왕: (신하들을 향하여 큰 소리로) 여봐라, 어서 저 토끼를 묶어라.

2 자라가 ㉠과 같은 말을 꺼낸 까닭은 무엇인지 쓰시오.

3 만약 토끼가 신중한 성격이었다면 [제5장]의 내용이 어떻게 바뀌었을지 조건에 맞게 상상하여 쓰시오.

> 보기
> 조건 1. 토끼의 성격이 바뀐다면 토끼와 자라와 용왕에게 어떤 일이 벌어질지 쓴다.
> 조건 2. 희곡 형식이 아닌 줄거리 형식으로 쓴다.
> 조건 3. 200자 내외로 쓴다.

06 타당한 근거

* 다음 글을 읽고, 물음에 답하시오.

만화책은 유익한가

초등학생에게 만화책은 유익합니다. 만화는 우리가 이해하기 힘든 내용을 알기 쉽게 정리하여 전달해 줍니다. "그리스·로마 신화"와 같은 만화책은 학생들이 어려워하는 서양의 신화를 재미있게 풀어내어 인기를 끌고 있습니다. 우리 반 학생들이 학급 문고에서 가장 많이 빌려 보는 책도 세계 각국의 역사와 문화를 내용으로 하는 만화책이라고 합니다.

1 이 글의 주장과 근거를 정리하시오.

주장	
근거	

2 '초등학생에게 만화책은 유익하다.'는 의견에 대한 '나'의 주장을 타당한 근거를 들어 쓰시오.

주장	
근거	

* 다음 글을 읽고, 물음에 답하시오.

우리나라에는 책벌레가 없습니다

우리나라에는
책벌레가 없습니다

㉠ **우리나라 성인남녀 월평균 독서량 0.8권 !**
이런 저런 핑계로 책을 멀리하고 있습니다.

바쁘다는 핑계로 귀찮다는 이유로 우리나라는
어느새 한 달에 책 한 권도 읽지 않는 나라가 되었습니다.
그러나 책은 시간 날 때 읽는 것이 아니라 시간을 내서 읽는 것!
다시 책벌레로 돌아갑시다!

책을 읽으면 행복합니다.

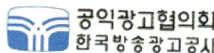
공익광고협의회
한국방송광고공사

3 ㉠과 같은 표현이 주는 효과는 무엇입니까?

_____

_____

07 상상의 날개

* 다음 글을 읽고, 물음에 답하시오.

자전거 도둑

양태석

　며칠 전, 민우는 학교가 끝난 뒤에 반 아이들과 운동장에서 축구를 하고 있었다. 민우의 자전거는 철봉 옆에 세워져 있었다. 그런데 후반전을 하는 중에 누군가 자전거 옆에서 서성거리는가 싶더니 어느 순간 훌쩍 자전거에 올라탔다. 그러고는 유유히 학교 밖으로 빠져나갔다. 그때, 민우는 골키퍼를 보고 있던 터라 ㉠그 광경을 똑똑히 보았다.

　자전거를 타고 간 아이는 4학년 때 같은 반이었던 영래였다. 민우는 자전거를 훔쳐 간 범인을 자기 눈으로 분명히 보았으면서도 아무 말도 하지 않고 멍하니 바라보기만 하였다.

　자전거를 잃어버린 지 2주일쯤 지난 어느 날이었다.

　그날은 아침부터 오후까지 안개가 자욱하였다. 민우는 피아노 학원에서 나와 집으로 향하고 있었다. 그런데 민우는 집으로 가다 파출소 앞에서 아버지와 딱 마주쳤다. 놀랍게도 아버지께서는 한 손으로 자전거를 잡고 계셨는데 그 옆에는 영래가 죄인처럼 고개를 푹 숙이고 있었다.

　아버지께서 민우를 발견하고 소리치셨다.

　"민우야, 자전거 찾았다!"

　민우는 멍하니 아버지를 올려다보았다.

　"이거 맞지, 네 자전거? 자, 잘 봐. 새로 노란 페인트를 칠했지만 안장 뒤에 분명 M(엠) W(더블유)라고 쓰여 있잖아? 맞지?"

　그건 틀림없는 민우의 자전거였다.

　꼼꼼한 성격의 아버지가 혹시 잃어버릴 것에 대비하여 지워지지 않는 펜으로 안장 뒤에 아주 작게 민우의 영문 머리글자를 써 놓은 것이다. 색이 파란색에서 노란색으로 바뀐 자전거 짐칸에는 신문이 잔뜩 실려 있었다.

　민우가 고개를 끄덕이자 아버지께서는 이제 확인은 끝났다는 듯 기세 좋게 말씀하셨다.

　"이런 녀석은 파출소에 가서 혼 좀 나야 해. 얼른 따라와!"

　아버지께서는 영래를 파출소에 넘기실 생각인 것 같았다. 영래는 금세 울음을 터뜨릴 것처럼 겁에 질려 있었다.

　아버지께서 영래를 이끌고 파출소로 가려 하자, 민우가 갑자기 아버지의 팔뚝을 잡았다.

　"아버지, 제 말 좀 들어 보세요."

"무슨 말?"

"사실……, 이 자전거 제가 영래 준 거예요."

"뭐라고? 누구 맘대로 자전거를 줘?"

"아버지께서 저 사 주신 거니까 이 자전거 제 것이잖아요? 그렇지요?"

"그야……, 그렇지."

"제 것이니까 제 맘대로 영래 준 거예요."

"뭐? 참 어이가 없네. 너 지금 무슨 소리 하는 거야?"

그때 민우가 영래를 바라보며 둘만 알게 찡긋 웃는 눈짓을 하였다.

"영래야, 대답해 봐. 내가 준 거 맞지?"

영래는 잔뜩 굳은 표정으로 겨우 고개를 끄덕였다.

"보셨지요, 아버지? 맞잖아요. 영래야, 어서 네 자전거 몰고 가. 그리고 내일 학교에서 보자."

영래는 머뭇거리다 어버지께 인사를 꾸벅하고는 자전거를 질질 끌고 안개 속으로 사라졌다.

"어, 어……."

아버지께서는 뭐라고 말씀도 못하고 자전거를 끌고 가는 영래의 뒷모습만 멍하니 바라보셨다.

1 ㉠ '그 광경'은 무엇인지 쓰시오.

2 이 글에서 영래가 자전거를 훔친 까닭을 추측할 수 있는 문장을 찾아 쓰시오.

3 다음과 같은 사건이 원인이 되어 일어난 결과를 쓰시오.

> 원인: 민우의 아버지께서 영래를 파출소에 넘기려 하셨다.

결과:

* 다음 시를 읽고, 물음에 답하시오.

(가)

우리 아빠 시골 갔다 오시면

김용택

우리 아빠 시골 갔다 오시면
시골이 다 따라와요.

이건 담장의 호박잎
이건 강 건너 밭의 풋고추
이건 부엌의 고춧가루.

우리 아빠 시골 갔다 오시면
시골이 다 따라와요.
맨 나중에는 잘 가라고 손짓하시는
시골 우리 할머니 모습이 따라와요.

(나)

우리 엄마 시장 갔다 오시면

우리 엄마 시장 갔다 오시면
시장이 다 따라와요.

이건 생선 가게의 고등어
이건 정육점의 삼겹살
이건 채소 가게의 시금치.

4 시 (가)가 시 (나)에서 어떻게 달라졌는지 쓰시오.

---

5 '우리 아빠 시골 갔다 오시면'을 '우리 아빠 회사 갔다 오시면'으로 장소를 바꿔 1연과 2연을 쓰시오.

* 다음 시를 읽고, 물음에 답하시오.

모서리

"아야!
아유 아파."
책상 모서릴 흘겨보았다.
"내 잘못 아냐."
모서리도 눈을 흘긴다.

쏘아보는 그 눈빛이
나를 돌아보게 한다.
어쩜 내게도
저런 모서리가 있을지 몰라.
누군가 부딪혀 아파했겠지.
원망스런 눈초리에
"네가 조심해야지."
시치미 뗐을 거야.

모서리처럼
나도 그렇게 지나쳤겠지.

부딪힌 무릎보다
마음 한쪽이 더 아파온다.

6 글쓴이가 모서리에 부딪힌 뒤에 깨달은 점은 무엇인지 쓰시오. (100자 내외)

03 유교 전통이 자리 잡은 조선

1 조선의 건국과 한양

1 다음 글을 읽고, 정몽주의 '단심가'에 담긴 뜻이 무엇인지 쓰시오.

> 고려 말 고려는 북으로는 홍건적, 남으로는 왜구의 침입으로 나라가 혼란스러웠고 이성계는 그 틈을 타 홍건적과 왜구를 물리치며 세력과 백성들의 지지를 얻었습니다.
>
> 그리고 고려 내부에서는 힘 있는 일부 귀족들의 횡포로 왕권이 약화되었고 원나라를 따르는 귀족과 명나라를 따르는 신진 사대부 사이에 대립이 있었습니다.
>
> 이성계의 아들 이방원은 고려의 충신인 정몽주를 찾아가 정몽주를 자신의 편으로 만들기 위해 '하여가'라는 시조를 지었습니다.
>
> > 이런들 어떠하리 저런들 어떠하리.
> > 만수산 드렁칡이 얽혀진들 어떠하리.
> > 우리도 이같이 얽혀져 백 년까지 누리리라.
>
> 그러자 정몽주는 답시로 '단심가'를 지었습니다.
>
> > 이 몸이 죽어 죽어 일백 번 고쳐 죽어
> > 백골이 진토 되어 넋이라도 있고 없고,
> > 임 향한 일편단심이야 가실 줄이 있으랴.

2 조선의 문화와 과학의 발달

2 훈민정음의 '서문'을 읽고, 세종대왕이 한글을 만든 까닭을 쓰시오. (150자 내외)

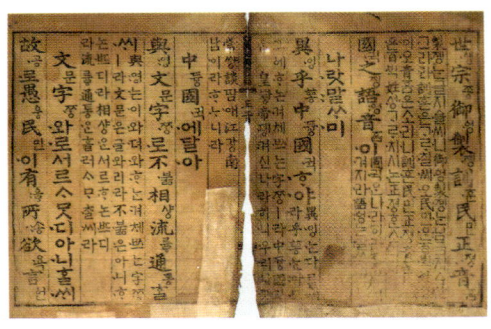

우리나라 말과 글이 중국과 달라서 백성들이 한자로 서로 통하지 못한다. 이에 백성들이 말하고 싶은 바가 있어도 그 뜻을 펴지 못하는 이가 많다. 내가 이것을 딱하게 여겨 28자를 만들었으니 백성들이 쉽게 익혀 편리하게 사용할 수 있도록 하고자 한다.

_____
_____
_____

3 다음 글을 읽고, 경국대전의 역할 두 가지를 쓰시오.

경국대전은 세조 때부터 만들기 시작하여 성종 때 완성된 법전입니다. 경국대전은 조선의 정치 이념인 유교에 따라 나라를 다스리기 위해서 만들었습니다. 경국대전은 조선 최고 법전으로서 백성을 다스리는 데 기준이 되었고, 사회 질서를 유지하는 데 중요한 역할을 하였습니다. 경국대전은 백성을 법에 따라 다스렸음을 보여준다는 의미가 있습니다.

- _____
- _____

③ 유교 전통과 신분 질서

4 조선 시대 사람들이 관혼상제 중 다음과 같은 의례를 지킨 까닭은 무엇인지 쓰시오.

상례	• 거친 삼베로 만든 상복을 입고, 문상 온 손님을 맞이함. • 부모가 돌아가시면 자식은 3년 동안 상복을 입고 묘소를 지켰음.
제례	부모가 돌아가신 후에도 정성을 다해 제사를 지냄.

5 조선 시대의 신분의 특징을 쓰시오.

6 다음 표를 보고 알 수 있는 사실 두 가지를 쓰시오.

신분	여가 생활	그림
양반	남자는 시 짓기, 활쏘기, 바둑, 장기, 승경도 놀이 등을 하였고 여자는 수놓기와 책 읽기 등을 하였음.	
상민	남자들은 바쁜 농사일이 끝난 뒤 씨름이나 윷놀이, 고누 등의 놀이를 즐겼고 여자는 옷감을 쓰기 위해 베를 짜며 시간을 보냈음.	

-
-

03 식물의 구조와 기능

❶ 식물의 구조와 기능 1

* 다음 사진을 보고, 물음에 답하시오.

1 당근 뿌리의 겉모습의 특징을 쓰시오.

2 당근 뿌리가 다른 식물의 뿌리에 비해 크고 굵은 까닭은 무엇인지 쓰시오.

2 식물의 구조와 기능 2

3 식물 줄기가 하는 일은 무엇인지 쓰시오.

⬆ 대나무 줄기　　　　　　⬆ 개나리 줄기

_____

_____

4 다음은 식물의 물관 사진입니다. 물관이란 무엇인지 쓰시오.

3 식물의 구조와 기능 3

5 다음 사진을 보고, 잎자루의 역할은 무엇인지 쓰시오.

---

4 식물의 구조와 기능 4

6 다음 실험을 통해 알 수 있는 사실을 쓰시오.

실험 방법	잎이 달린 식물 줄기와 잎이 달리지 않은 식물 줄기를 각각 같은 양의 물이 든 눈금 실린더에 넣고 비닐봉지를 씌워 밝은 곳에 둔다.
실험 결과	• 잎이 달린 식물 줄기의 비닐봉지 안에 물이 생겼고, 눈금 실린더의 물이 많이 줄어듦. • 잎이 달리지 않은 식물 줄기의 비닐봉지 안에 물이 생기지 않았고, 눈금 실린더의 물도 거의 변화가 없음

5 식물의 구조와 기능 5

* 다음 표를 보고, 물음에 답하시오.

| 열매 | 열매는 씨와 씨를 보고하고 있는 껍질 부분을 합한 것으로, 식물은 씨를 멀리 퍼뜨리기 위해서 열매를 만듭니다. 열매는 익기 전에는 녹색을 띠다가 익으면 동물들의 눈에 잘 띄는 빨간색, 노란색 등으로 바뀝니다. |  |

7 열매란 무엇인지 쓰시오.

_____

_____

8 식물이 열매를 만드는 까닭을 쓰시오.

_____

_____

MEMO